AF460216

ORGANISATION

ASSOCIATION ET COTISATION UNIVERSELLE

BASÉES

SUR LE PRINCIPE DE LA FRATERNITÉ

DANS L'INTÉRÊT DE TOUS ET DES OUVRIERS EN PARTICULIER

PROJET POUR L'ÉTABLISSEMENT

DES HOTELS D'INVALIDES CIVILS

EXTINCTION COMPLÈTE DE LA MENDICITÉ

DÉMONTRÉE PAR DES CHIFFRES

PAR TRÈSEL AÎNÉ

INGÉNIEUR-CONSTRUCTEUR DE MACHINES

L'homme naît pour travailler, et se reposer à l'abri du besoin lorsque les forces lui manquent.

Prix : 50 centimes.

PARIS

CHEZ COMON, LIBRAIRE,

15, QUAI MALAQUAIS,

ET CHEZ TOUS LES LIBRAIRES.

1848

IMPRIMERIE DE CLAYE ET TAILLEFER,
RUE SAINT-BENOIT, 7.

AVERTISSEMENT.

Le travail que je présente à mes concitoyens a été commencé après les événements de février 1848. Il n'a pu être livré plus tôt à la publicité, à cause du temps employé à la combinaison d'un premier projet basé, comme celui-ci, sur des chiffres, que je fus obligé d'abandonner, par l'impossibilité matérielle d'en trouver la garantie, et par la recherche des documents et des statistiques nécessaires à la démonstration qui fait le sujet de cet opuscule.

Je prie le lecteur, quel qu'il soit, de ne s'attacher qu'au fonds, c'est-à-dire aux idées que j'expose et au but que je me suis proposé; je sais mieux manier la lime et le marteau que la plume, et si je me suis décidé à la prendre un instant, c'est qu'il m'a semblé qu'un bon républicain devait aujourd'hui mettre de côté toute susceptibilité d'amour-propre pour aider son pays dans la mesure de ses forces, de ses idées et de son intelligence.

ÉPITRE

OU

LETTRE AUX OUVRIERS.

PREMIÈRE PARTIE.

L'homme naît pour travailler, et se reposer à l'abri du besoin lorsque les forces lui manquent.

TRAVAILLEURS MES FRÈRES,

C'est la troisième fois depuis un demi-siècle que l'on promet de s'occuper de vous et de votre avenir. Jusqu'ici, je n'ai encore vu que des utopies et des projets; mais point d'actes sous le rapport de l'avenir. On a étudié, médité et commenté cette vaste et grande question qui est restée sans solution. Le véritable but qu'il faut atteindre et que tout citoyen honorable ne doit pas perdre un instant de vue : c'est le repos après le travail.

Le but de la nature est la reproduction. L'homme doit avoir aussi un but, c'est, comme je viens de le dire, de pouvoir se reposer à l'abri du besoin, quand les forces lui manqueront.

Qu'est-ce en effet que la vie ? Si ce n'est une mutuelle réciprocité d'actions fraternelles; car nous avons besoin tous les uns des autres, pour nous procurer ce qui nous est nécessaire dans la proportion des condi-

1.

tions plus ou moins heureuses ou favorables dans lesquelles les circonstances nous placent. Eh quoi! est-il donc si difficile à l'homme d'être assez moral, sage et raisonnable, pour ne satisfaire à ses besoins que dans la proportion de ce qu'il possède ou de ce qu'il obtient, sans nuire à son avenir? Comment peut-on y parvenir, si ce n'est par le travail?

Travail! mot sublime qui résume toute la vie. Le travail est le plus grand de tous les moralisateurs, pour l'homme instruit comme pour l'ignorant, car je l'admets dans toute l'acception du mot, comprenant aussi bien le travail intellectuel que le travail manuel. L'oisiveté, qui lui est complétement opposée, est la source impure de tous les vices; il n'y a guère que la paresse et le désœuvrement qui se laissent corrompre; et les hommes (je ne les honore pas encore du titre de citoyens) qui s'y adonnent sont heureusement peu nombreux. Les caractères faibles se laissent égarer, mais sont bientôt revenus de leurs illusions; tâchons de faire réfléchir les autres par le raisonnement et l'exemple.

Puisse le projet que je vais vous soumettre les ramener à des sentiments honnêtes qui leur fassent reprendre un jour le titre honorable de citoyen.

Le projet que vous allez lire, est, je pense, le plus grand qui ait peut-être été proposé. Il est immense dans ses conséquences; de plus, il est réalisable d'après tous les documents que j'ai pu recueillir, d'après l'approbation et les encouragements que j'ai reçus des nombreux citoyens auxquels je l'ai soumis. Sa réalisation exige l'étude de bonnes statistiques, et les chiffres en peuvent être bien arrêtés avant la fin de l'année.

L'année 1849 verrait donc s'ouvrir une ère nouvelle de la République reconquise dans laquelle on pourrait commencer sur tous les points de la France les hôtels d'*invalides civils*, véritables monuments de la civilisation; car il faut bien vous le dire, mes amis, il a fallu pour concevoir et préparer un semblable projet, en embrasser toutes les difficultés, tous les détails, toutes les conséquences, et les sonder pour que ce problème ne puisse être classé parmi les utopies dont on vous a bercés depuis quatre mois, et dont la plupart, pour ne pas dire toutes, surtout celle du Luxembourg, ont fait un mal immense à notre industrie et aux travailleurs. Eh bien ! j'ai été encore plus loin, je me suis occupé de l'architecture simple et sévère de ces vastes monuments jusque dans ses plus petits détails, et j'en ai fait le plan.

Croiriez-vous qu'il faudra mille bâtiments pour loger séparément et commodément trois millions d'invalides civils, ou trois mille dans chaque hôtel avec jardins de rapport entretenus et cultivés par ces mêmes invalides, et pour les occuper; car beaucoup seront encore très-valides à soixante ans, âge de la retraite. Oh ! oh ! je vous vois sourire, chers lecteurs, vous allez murmurer et crier haro sur un insensé, sur un utopiste. J'avoue que ce projet est vraiment effrayant au premier abord; il faut être descendu dans ses profondeurs pour le juger. Je suis un peu de l'avis de Bonaparte, qui n'admettait pas le mot impossible; avec la volonté et le secours des masses, on peut tout vaincre. Patience ! ne jugez pas si vite sans avoir lu jusqu'au bout; mais je vois votre impatience, car vous avez vu en perspective ces mille bâtiments pouvant contenir chacun trois mille personnes, avec meubles et ustensiles de ménage, et, vous vous êtes dit : qui donc pourra fournir à une pareille dépense d'installation? Voilà ! c'est là la grande question qui vous préoccupe, l'argent qu'il faudra pour réaliser ce qui n'est encore qu'un rêve dans votre esprit. Eh bien! je vous répondrai que cela ne tient qu'à vous, travailleurs infatigables, vous bâtirez vous-mêmes, vous couvrirez, vous meublerez tous ces grands hôtels avec vos propres deniers et ceux de tous nos frères qui ne me refuseront pas, j'en suis certain d'avance. Je ferai comme Harpagon, je prendrai un peu de toutes les mains, avec cette différence que je ne garderai rien pour moi.

Comme vous voyez, je ne réponds pas complétement à la question mentale que vous vous êtes posée, c'est que j'ai un motif : celui d'exciter votre curiosité et de vous obliger à lire. Vous avez souvent entendu dire que les petits ruisseaux font les grandes rivières et les fleuves, et qu'ils aboutissent tous à la mer. Eh bien! c'est là mon seul secret.

Ne croyez pas cependant que ce projet gigantesque demandera de longues années pour se réaliser; non, détrompez-vous, trois ou quatre ans au plus seraient suffisants : comme vous le sentez, il y aura des travaux à faire, et je ne doute pas de l'activité que vous mettrez à leur exécution, en pensant que vos vieux parents, vos amis, vos frères, et que ceux d'entre vous qui n'auront pu se mettre à l'abri du besoin, seront bien logés et entretenus, lorsque les forces manqueront quand l'âge sera venu. Ce n'est en réalité qu'une justice; ce que l'on a fait pour nos frères de l'armée, il est indispensable qu'on le fasse pour les travailleurs, et il y aura encore économie pour la société.

Mais, me demanderez-vous, qui êtes-vous? Quelle que soit la répugnance qu'on éprouve à parler de soi, je regarde comme un devoir aujourd'hui de dire ce que l'on est et de déclarer son opinion.

Je suis né sous la République, de sang républicain,

fils d'un ancien défenseur de la patrie, officier décoré sur le champ d'honneur et mort pour son pays.

Quant à moi, après avoir été douze ans contre-maître, j'ai pu, par mon travail et mes économies, fonder un établissement (1).

Je suis votre ancien camarade, actuellement votre ami, hier ingénieur-constructeur de machines, aujourd'hui rien (j'attends, comme vous, du travail) : possesseur de plusieurs brevets, dont l'industrie a profité, lesquels m'ont plus ruiné qu'enrichi, comme cela est arrivé à la plupart de mes confrères. Je me garderais bien d'en demander un pour le secret que je vais vous dévoiler, dans la crainte que le gouvernement ne me condamnât à l'amende (2); celui-ci je vous en fais cadeau. Je souhaite qu'il soit bon, c'est ma seule ambition, je n'en connais qu'une louable, c'est celle du bien général; elle doit être celle de tout bon républicain, et si mon projet réussit, bientôt, soyez-en sûrs, l'univers entier nous imitera, car ce qui manque à notre belle patrie manque aussi partout.

Maintenant que vous savez qui je suis et que nous nous connaissons, mes chers amis, avant que je vous mette sous les yeux le plan, les chiffres et les statistiques de mon projet, voulez-vous me permettre de causer un peu avec vous des circonstances graves où nous sommes placés? Mon bon sens est révolté, je vous l'avoue, des paradoxes à l'aide desquels on essaie toujours, et on réussit quelquefois, à vous entraîner, et j'éprouve comme un besoin de vous parler de cœur,

(1) A Saint-Quentin (Aisne).

(2) Mot de M. Jobard pour exprimer la contribution exigée pour l'obtention des brevets d'invention. Ce sont précisément ces amendes qui ont fait le plus grand tort au génie de la France, en paralysant son industrie aussi bien qu'en retardant la civilisation.

non pas en littérateur, mais en camarade, en travailleur comme vous, sans prétentions, vous indiquant sommairement mes idées, et réfutant quelques grosses erreurs quand l'occasion se présentera.

Mon opinion politique se résume en peu de mots : je veux une République avec toutes les convenances sociales et les progrès que la civilisation a faits; nous sommes appelés à porter cette civilisation au suprême degré.

Pour moi, une bonne République est une constitution qui doit se résumer simplement, loyalement et sincèrement dans ces trois mots : *Liberté*, *Égalité*, *Fraternité*, mais dûment déterminés. Cette formule sans limites serait le néant, ce serait l'immensité, ce serait le bien et le mal; il faut éviter ce dernier en ramenant tout au premier.

Ces trois significations bien distinctes, cet excellent trinôme proposé pour mettre fin à tous nos maux, et que j'appelle les droits d'une constitution républicaine, sont dans un ordre collectif parfait. La *liberté* d'abord, qui est un droit de la nature, le premier de tous, nous fait acquérir l'*égalité*, pour arriver à la *fraternité*.

Analysons logiquement, et le plus succinctement possible, ce qui vient d'être dit, afin que les sophistes ne puissent interpréter cette seconde trinité pour égarer les esprits. Voici :

CE QU'IL FAUT.	CE QU'IL NE FAUT PAS.
La liberté avec l'ordre social, garantie par les lois d'une constitution juste et sage.,	La liberté illimitée, qui est le renversement de toute chose; c'est la confusion, l'anarchie.
L'égalité de droits, qui	Non l'égalité des choses,

consiste en ce que la loi soit la même pour tous.

La fraternité de la grande famille, union et concorde fraternelles fondées sur cette maxime : Faisons pour autrui ce que nous voudrions qu'on fît pour nous.

qui est le partage dans tout ou l'égalité de la misère.

Non la fraternité qui consisterait dans le partage égal de la propriété, qui est le communisme.

Ceci bien compris, tout dans la société doit fonctionner dans l'ordre et dans l'intérêt général; parce qu'une société bien organisée doit se poser sur une base solide, et se formuler des lois dans l'intérêt de tous pour guider les bons, maintenir les méchants, moraliser et instruire tous les citoyens.

Comment a-t-on pu admettre qu'il soit possible de partager les propriétés sans tomber dans la misère universelle? Tous les rêveurs s'usent un à un, parce qu'ils n'emploient que des paroles et se gardent bien de s'appuyer sur des chiffres; car ils renonceraient à leur propagande avant de la mettre à jour.

Il n'est cependant pas difficile de comprendre, mon cher lecteur, que si aujourd'hui tu viens forcément partager avec ton voisin, demain cent autres viendront aussi partager avec toi, et que le partage de tout sera la misère pour tous.

Tout ce que l'homme gagne et acquiert par le travail, devient sa propriété; elle est sacrée, elle est inviolable, et nul ne peut y toucher sans se rendre coupable d'un crime de lèse-société.

N'avons-nous pas tous commencé par être prolétaires? La France est le pays où la propriété est le plus divisée; tous sont appelés au partage par le travail, la conduite, l'économie et l'observation d'une bonne constitution. Marchons donc résolument, c'est-à-dire hardiment et avec courage, droit au but que chacun doit atteindre, tout en aidant ceux d'entre nous qui ne pourront y parvenir, en faisant fraternellement pour eux, ce que les circonstances ou les malheurs les auront empêchés de faire pour pouvoir se reposer sans soucis de l'avenir, lorsque les forces leur manqueront.

Lorsque l'on vous entretiendra, soit d'organisation, d'association, d'amélioration, de diminution de temps ou d'augmentation de salaires, etc., etc., qui ne sont en définitive que des soustractions et des additions en quelque sorte industrielles, ne vous laissez jamais convaincre uniquement par des paroles quelque spirituelles qu'elles soient; c'est par des raisons appuyées sur des chiffres suffisamment vérifiés, qu'on doit résoudre ces grands problèmes qui ont été bien des fois le cauchemar de la plupart de nos philosophes et de nos historiens. Si le spirituel théoricien du Luxembourg avait pratiqué les chiffres avant de monter à la tribune, il aurait donné très-probablement à ses pensées, que je crois généreuses, une autre direction qui pouvait tout concilier et ramener la confiance; car personne n'avait été investi de pouvoirs aussi étendus que les siens.

Essayons la réfutation de quelques-uns des mots avec lesquels on prétendait améliorer votre avenir.

Le premier qui ait été mis en avant, est celui de l'*organisation du travail.*

L'application qu'on a voulu faire de ces trois mots a tout désorganisé, et en effet, il ne pouvait en être autrement; on voulait tout organiser par l'association et l'égalité des salaires; on augmentait encore ces insurmontables difficultés par la diminution des heures de travail, et pour couronner l'œuvre, on voulait faire disparaître la concurrence.

L'organisation du travail est liée à l'association.

Pour moi, le mot *organisation* est tout ou rien. L'organisation du travail avec tous est impraticable, des exceptions ne peuvent former preuves suffisantes pour établir une règle générale. Je doute même très-fort de la réussite de cas particuliers. On a en général la mauvaise habitude de prendre au vol toutes les innovations proposées sans entrevoir les nombreuses difficultés à vaincre; sans chercher à les aplanir, soit par le raisonnement ou les calculs, pour établir au moins des probabilités.

L'homme est né pour la liberté et non pour l'association universelle. La première des conditions d'une association est celle du partage dans les pertes et dans les bénéfices : sans entrer dans les innombrables difficultés que cette première condition dispense d'énumérer, elle seule, bien comprise, suffirait pour mettre cette proposition au néant.

On a souvent dit qu'il n'y a pas de belle eau qui ne se trouble. Ceci est une vérité incontestable : il est toujours bien difficile à trois ou quatre associés, et souvent à un plus petit nombre, de bien s'entendre; à plus forte raison à un plus grand nombre. Ce ne sera plus de la liberté pour tous, mais de la contrariété pour les uns, de la dépendance pour les autres, et des discussions pour tous. Enfin, ce sera la tour de Babel qui amènera inévitablement la division.

Croyez bien que je ne viens pas ici faire de l'opposition, loin de moi la pensée de vouloir neutraliser un projet qui m'a toujours souri, et dont j'ai su embrasser tous les obstacles, toutes les entraves. Mais le caractère, la manière de voir et l'opinion des hommes sont divers; de plus, les capacités intellectuelles, les talents et l'habileté sont si inégalement acquis, que toutes ces divergences m'ont constamment démontré l'impossibilité d'un pareil système.

Il y a quelques rares exceptions où les travailleurs peuvent être intéressés, mais non associés, dans un établissement; mais il faut la réunion de conditions toutes particulières. Il faut d'abord que l'établissement possède une spécialité craignant peu ou point la concurrence, qu'il soit pur de toute hypothèque, qu'il soit assuré de travaux constants pour le nombre d'ouvriers qu'il comporte dans la proportion du capital, que les bénéfices soient assez larges pour accorder la même rétribution en cas de chômage; que la clientèle soit assez nombreuse pour que la moyenne des faillites qui atteindrait une partie des commettants n'entraîne pas ou ne compromette pas l'établissement. Il faut de plus un choix de travailleurs, afin qu'ils ne puissent quitter l'établissement avant chaque inventaire annuel; comptez, s'il vous plaît, combien il y a de fabriques dans cette position !

Augmentation des salaires et diminution des heures de travail.

Il est très-difficile de toucher à l'ordre de choses établi pour le commerce, sans entraver l'industrie, et sans porter atteinte à la liberté du travail.

Cet état de choses s'est constitué naturellement, forcément, par les transactions commerciales entre tous les pays en raison des positions géographiques, des avantages que présentent les divers points du globe, soit par rapport au climat, soit par la richesse du sous-sol. La nature et la production des denrées, l'abondance et la diversité des matières premières que l'on rencontre dans ces diverses régions, sont nécessaires à tous, et c'est ce qui nous a rendus tributaires les uns des autres.

La France n'est pas très-riche sous le rapport des denrées et matières premières qu'elle produit ou que l'on y rencontre sous le sol; nous sommes donc obligés de faire venir du dehors les matières qui nous manquent, non-seulement pour satisfaire à nos besoins, mais encore pour occuper tous les travailleurs dans la proportion du placement et des débouchés que nous pouvons nous procurer sur les marchés extérieurs; d'un autre côté, la France produit aussi des denrées et matières premières qui rendent également tributaires les nations étrangères; de là, la nécessité absolue d'établir des traités de commerce, pour autoriser et régler les importations et exportations pour lesquelles il a fallu établir des douanes, pour protéger et maintenir nos industries en équilibre avec celles des autres puissances.

A l'achat des matières premières vient s'ajouter le fret, transports et droits, que nous payons pour nous les procurer. Mais les matières premières sont brutes; vous connaissez tout ce qui est nécessaire pour les mettre en œuvre, depuis les bâtiments, le mobilier industriel, les frais de toutes sortes jusqu'à la main-d'œuvre. Vous savez que les commandes ne se succèdent pas avec la même activité, qu'il y a des crises commerciales, des faillites à supporter; des temps d'arrêt et des chômages pendant lesquels on conserve des ouvriers que l'on occupe comme on peut, et dont les résultats sont loin de couvrir les frais généraux. Vous n'ignorez sans doute pas non plus que la plupart des établissements industriels sont obérés, grevés d'hypothèques et chargés d'impôts ; comment voulez-vous, avec toutes ces considérations, qu'il soit possible d'augmenter les salaires, ou de diminuer les heures de travail, ce qui, dans l'un ou l'autre cas, augmente le prix des produits qui ne peuvent plus trouver place sur les marchés intérieurs et extérieurs, en regard des produits similaires des manufactures étrangères.

Mais, me dira un homme à vues courtes, il y a moyen d'augmenter les salaires, c'est que tous les manufacturiers de l'univers s'entendent pour augmenter la main-d'œuvre de 25 ou 30 pour 100. L'idée est impraticable. En supposant que cette idée soit praticable, elle est inadmissible ; poussons l'extravagance jusqu'au bout, admettons pour le moment que cette utopie devienne une vérité, nous verrons ce qui en résulterait. L'homme prévoyant ne doit jamais s'arrêter au présent sans méditer sur l'avenir. Les hommes qui disent : Après nous on tirera l'échelle, ces hommes sont aveugles. C'était un peu le raisonnement de nos pères, et celui de notre siècle. Voilà pourquoi nous avons une révolution tous les quinze ans. Faisons de notre mieux pour que nos enfants ou nos neveux ne nous fassent pas ce cruel reproche.

Revenons à notre utopie, admettons comme nous le disions tout à l'heure, qu'on puisse s'entendre pour augmenter tous les produits manufacturés ; ce seront évidemment tous les consommateurs qui devront payer cette augmentation ; mais les ouvriers ne sont-ils pas aussi des consommateurs ? La partie des consommateurs qui a du superflu passera par cette différence, ce sera cependant aux dépens du grand luxe, qui réduira d'autant la production, sous ce rapport très-importante.

La partie la plus nombreuse, qui est la partie la plus économe, quoique sans grand luxe, mais non pas sans ostentation, soignerait encore davantage tout ce qu'elle a pour paraître en public, en retranchant une grande partie de tout ce qui sert aux besoins de son intérieur; et les travailleurs manuels verraient disparaître l'augmentation de salaire qu'ils auraient reçue, par la différence des prix de tous les produits; d'un autre côté, il en résulterait un trop plein dans la production qui arrêterait forcément le travail, d'où surgiraient des crises commerciales, et des chômages forcés et très-longs ne permettant plus qu'un travail d'une partie de l'année, bien plus préjudiciable aux ouvriers que ceux qui nous atteignent déjà périodiquement.

Vous voyez donc bien, abstraction faite des autres difficultés, qu'il n'est pas possible de toucher à l'ordre qui existe sans troubler davantage et sans rompre l'équilibre que nous devons constamment chercher à maintenir pour satisfaire à tous les intéressés.

Ce n'est donc point une augmentation de salaire, ni la diminution des heures du travail qu'il faut demander pour le moment; mais bien la vie à meilleur marché, ce qui reviendra au même, puisqu'il y aura moins de dépenses; dépenses qu'il faut aussi régler dans tout état de cause par l'ordre et l'économie, aussi bien dans les finances de l'État que dans chaque petit ménage.

Bien des petits problèmes sont à l'ordre du jour depuis longtemps, et plusieurs sont en voie d'exécution; mais il reste encore bien des projets à proposer et à exécuter.

Depuis Sully et Colbert, avons-nous eu un seul ministre qui s[illegible]é sérieusement de l'avenir? Je ne le pe[illegible]e pas. Espér[illegible] que les hommes appelés à gouverner notre nouvelle République seront plus clairvoyants. Il est vrai que les ministres, dans leurs départements, ont beaucoup à faire et il faut qu'ils soient bien secondés pour suffire au présent; c'est toujours avec du travail et du temps qu'ils arrivent lentement. Ce temps, nous le trouvons bien long par le désir et le besoin que nous avons de marcher en avant.

De l'égalité des salaires.

La main-d'œuvre ou le salaire est et sera toujours individuel, il sera éternellement variable. En effet, le salaire est le véritable capital de l'ouvrier, et sa valeur ne peut être réglée qu'en raison de sa qualité ou de la quantité dans la confection ou dans l'exécution des travaux.

On peut déduire de ces conséquences, que le rapport ou le bénéfice du capital du travailleur est en raison directe de son talent, et que plus ce talent augmentera, plus son capital deviendra fort; enfin, que plus aussi les travailleurs doivent en obtenir d'intérêts, parce que les capacités et les talents s'acquièrent aussi bien par l'intelligence et l'aptitude, que par le travail et la pratique.

Il y a selon moi plus qu'une injustice dans la proposition : c'est une violation des dons de la nature.

Quelques exemples suffiront pour démontrer encore d'une manière péremptoire que le raisonnement qui a pu servir de base à l'égalité des salaires est complétement erroné.

Est-ce que tout ce qui a été produit par le travail manuel, aussi bien que par les travaux intellectuels, a exigé le même temps et les mêmes talents? Est-ce que tout ce qui nous couvre des pieds à la tête, tout ce qui nous met à l'abri des intempéries et ce qui nous environne, a coûté le même prix? Enfin est-ce que toutes les machines, tous les outils, les différents métiers et les innombrables instruments qui servent à tous les usages de la vie, ainsi qu'aux arts, aux sciences, à l'industrie et à l'agriculture, ont été payés le même prix? Est-ce que toutes ces choses ont demandé la même somme d'argent, d'intelligence, de théorie et de pratique pour leur exécution et leur perfectionnement? Je vous le demande, ne suffit-il pas de les regarder et de les examiner pour se convaincre de l'énorme différence qui les distingue. Ces produits si variés, fruits tour à tour si pénibles et si satisfaisants du génie et du travail, ne sont-ils pas la conséquence des salaires plus ou moins élevés de l'intelligence, de la théorie et de la pratique qui ont présidé à leur exécution?

Mais qui donc a contribué à la préparation et à la confection de toutes ces merveilles, si ce n'est les travailleurs de tous les degrés de l'échelle industrielle?

De la concurrence.

La France est le pays qui, par le goût et l'élégance de ses produits dans presque tous les genres, impose le luxe et les modes au monde entier. Nos dernières expositions l'ont prouvé. Comment sommes-nous parvenus à ce degré de supériorité? Il est évident que le génie de la France y a contribué pour une grande part; vous savez aussi que l'esprit français est éminemment inventif, que les étrangers ont plus profité de nos inventions qu'ils n'en ont créé, et que leur industrie est beaucoup mieux protégée que la nôtre. Nous avons surtout à lutter contre l'Angleterre et la Belgique. Cette protection leur donnant des avantages qui ont dû exciter chez nous cette belle et noble émulation sans laquelle il n'y a point de progrès durables, la concurrence du *savoir-faire* devait nous faire obtenir de très-grands avantages, principalement sur les marchés extérieurs, qui auraient pris de l'extension en raison de la préférence accordée à la plupart de nos produits, ce qui aurait pu faire doubler nos fabriques et par suite nous permettre d'occuper le double de bras; mais la liberté illimitée du commerce, *le laissez-faire*, *le laissez-passer*, c'est-à-dire le droit de mal faire et de dissimuler la malfaçon, de vendre du mauvais pour du bon, du coton pour de la laine, en un mot, cette déloyauté dans le commerce, a considérablement paralysé nos efforts; cette libre concurrence a jeté l'anarchie dans l'industrie et le commerce, en nous faisant perdre une partie de notre considération au dehors comme au dedans, ce qui réduit forcément nos productions et ce qui est aussi la cause principale du malaise d'une partie de nos travailleurs.

De ces deux concurrences bien distinctes, comme vous le voyez, c'est cette dernière qu'il faut faire disparaître afin de conserver intacte la première, qui est l'émulation par excellence; c'est la noble jalousie de l'écolier qui fait tous ses efforts pour obtenir la première place, sans nuire au mérite de ses camarades, c'est enfin une vertu qui doit exister entre tous les travailleurs aussi bien qu'entre les nations.

Sans faire aucune différence entre la loyale concurrence et la concurrence déloyale, on voulait supprimer la concurrence en se servant de l'arme même de la concurrence pour la faire disparaître (1). Par l'égalité

(1) Voyez l'Organisation du travail, par M. Louis Blanc ; édition de 1848, page 102.

des salaires, ainsi que le proposait le même auteur, on voit que la concurrence qui n'est, en définitive, que l'émulation sous un autre nom, tombait d'elle-même, puisque personne n'avait plus d'intérêt à faire mieux que son voisin. Vous devez voir actuellement, après tout ce que vous venez de lire, ce qui pouvait résulter de ce système.

Notre révolution et les manifestations hostiles contre tout ce qui n'était pas français, ont fait fuir les riches étrangers qui nous apportaient leur or en échange de vos luxuriants travaux.

Les grands capitalistes aussi ont fui ou se sont effacés devant les utopies et les projets déraisonnables. Les assemblées tumultueuses et insurrectionnelles ont augmenté leur épouvante; car, eux aussi échangent d'une part, une partie de leur superflu contre tout ce que nous fabriquons en objets de luxe, et d'autre part en aidant et en vivifiant le commerce par le *travail* de leurs capitaux, qu'ils pourraient bien transporter ailleurs s'ils ne trouvaient pas assez de confiance et de garanties pour obtenir la rémunération des services rendus à l'industrie; car si tous les producteurs étaient réduits à leurs propres capitaux, le travail et les productions diminueraient des trois quarts. Et puisque le mot capitaliste se trouve sous ma plume, je ne puis m'empêcher d'en parler un instant. On met à l'index les capitalistes, on crie contre l'argent qui se cache; toutes ces déclamations augmentent le mal d'abord, et en outre ne sont nullement fondées. Je ne suis pas capitaliste, il s'en faut, mais réfléchissons ensemble et voyons si la place des capitalistes n'est pas naturellement marquée dans la société et s'ils ne lui rendent pas des services.

Il est évident que l'intelligence, l'activité, l'ordre et

l'économie peuvent faire arriver plus vite au but proposé une partie des citoyens qui deviendront des capitalistes ; ces capitalistes continuant de travailler avec du numéraire rapportant un intérêt légal et déterminé, lequel, étant versé dans les affaires commerciales de tout genre, doit faire rapporter à l'emprunteur un intérêt plus ou moins élevé en raison des diverses chances du commerce. On conçoit que tout doit marcher dans ce sens pour le petit comme pour le grand capitaliste ; en effet, si un citoyen voulait se retirer des affaires avec un capital de quarante mille francs, en plaçant ses écus dans le commerce ou l'industrie au taux de cinq pour cent, il aurait un revenu de deux mille francs ; si au contraire, il laissait ses capitaux inactifs dans sa caisse et qu'il lui fallût dépenser deux mille francs pour vivre, au bout de vingt ans il ne lui resterait plus rien.

Le grand capitaliste qui a du superflu pourra aider doublement le commerce, l'industrie et les arts, en utilisant d'une part ses capitaux contre des intérêts, et d'autre part en *usant* la plus grande partie de ces intérêts en objets de luxe de tout genre dont le commerce et l'industrie profiteront. On voit donc combien il est indispensable que le petit et le grand capitaliste continuent de travailler pour satisfaire à leurs besoins, et faciliter à tous leurs frères les moyens d'arriver plus ou moins vite au même but.

Que de noms honorables ne pourrait-on pas citer qui, par leur intelligence et le travail, sont parvenus, même sans ressources, à se créer une position de fortune que l'on envie, sans apprécier ce qu'elle a coûté de savoir, d'ordre, d'activité et de temps.

Je crois avoir suffisamment protesté dans l'intérêt de l'industrie contre ces déclamations insensées qui perpétuent les crises. Eh! la confiance ne se commande pas. Au lieu de crier contre les capitalistes, faites de la conciliation, et non de la passion; administrez sagement, et au lieu d'avoir peur, les capitalistes auront confiance, l'argent sortira au lieu de se cacher, car quand il se cache, ce n'est pas par plaisir, c'est par peur. Maintenant je reviens à notre question de la différence entre les deux concurrences.

Du haut de la tribune du Luxembourg, on vous insinuait de détruire la concurrence, ce stimulant, cet aiguillon inné du génie et du commerce.

Je crois avoir aussi démontré qu'on a perpétuellement confondu les deux concurrences, l'émulation, qui est une concurrence loyale, avec la fraude, cette concurrence déloyale; que la première est une condition essentielle de l'industrie; qu'en détendant ce ressort qui lui est si favorable, on aurait anéanti complétement notre émulation et nos travaux, ce qui aurait eu pour résultat inévitable d'être surpassés par toutes les industries étrangères, au moment même où nous devons, au contraire, faire tous nos efforts et mettre notre gloire à les devancer pour nous les rendre tributaires.

Pour conserver et relever encore davantage notre position industrielle, pour satisfaire matériellement et physiquement à tous les besoins et aux intérêts de la vie, il est essentiel d'exciter encore cette noble émulation qui inspire si bien la confiance.

Pour y parvenir, il ne faut pas tout détruire; mais il faut savoir améliorer et perfectionner les éléments de notre industrie. Il faut qu'il en soit de même dans un gouvernement. Sous le régime des monarchies, il existait des priviléges, des sinécures, des cumuls et des dilapidations, que nous avons abolis, en proclamant notre nouvelle République; ces excès d'un système qui ne peut plus revenir, ruineraient la France en détournant et en absorbant les capitaux au détriment de l'industrie et de l'agriculture.

Comme je l'ai déjà dit, tous les problèmes d'amélioration et d'avenir sont à l'ordre du jour depuis longtemps; aujourd'hui que notre horizon doit s'éclaircir, il s'agit de les soumettre à la discussion pour les résoudre. Ce n'est que par un travail intellectuel raisonné et persévérant, que nous aplanirons toutes les difficultés, afin d'arriver à ce qu'il y ait du travail pour tous.

Sommes-nous donc encore si en retard de civilisation, que nous ne puissions profiter de l'expérience du passé pour sortir du labyrinthe, où, depuis si longtemps, nous sommes engagés?

Il serait vraiment inconcevable, au XIXe siècle, que pour aller en avant, il fût nécessaire de se reporter en arrière! Quand on veut marcher et gagner du terrain, il faut laisser derrière soi le chemin que l'on a parcouru, sans toutefois tourner dans un cercle, mais en s'échappant par une tangente.

De votre côté, mes amis, pour la plupart du moins, vous avez aussi quelque chose à faire ; il ne suffit pas d'envisager seulement le travail manuel, il faut aussi un autre travail, celui de l'intelligence, avec lequel on apprend à faire mieux et plus vite: c'est celui qui fait élever le taux du salaire; mais il faut encore celui de l'ordre et de l'économie, qui est le travail de l'esprit, du raisonnement, et nous fait voir l'avenir.

Lisez avec attention ce que dit, à l'égard du travail, l'un de nos meilleurs amis (1), et gravez-vous bien dans la mémoire cette page sublime que le savant écrivain

(1) M. Jobard de Bruxelles, rapport sur l'exposition (française) de 1839.

voudra bien me pardonner de lui avoir empruntée en votre faveur :

« On ne meurt pas de travail, au contraire, on en « vit ; et d'ailleurs, il serait plus honorable de périr sur « la brèche que dans le fossé. Mais le travail rend « l'homme heureux moralement, et le moral réagit sur « le physique; l'homme qui travaille trop se porte « mieux que celui qui ne fait rien. Le travail est le « paratonnerre de la misère et du vice, et quand il ne « serait que l'antidote de la paresse et de l'ennui, il « mériterait le nom de panacée universelle. Adoptez « une profession, un métier, une occupation quelcon-« que, et travaillez seulement deux fois plus ou deux fois « mieux que tous les autres, ce qui n'est pas difficile « quand on a du courage, et vous sortirez à coup sûr « du bourbier de la misère; quelqu'un vous remar-« quera, vous appréciera, vous recommandera, et vous « arriverez, si ce n'est aujourd'hui, ce sera demain; « mais persuadez-vous bien que l'employé qui ne fait « que son devoir est un mauvais employé ; le travail et « l'étude sont de puissants garde-fous, et la probité est « une habitude dont il est difficile de s'abstenir quand « elle est invétérée. Travaillez donc, et vous ne bron-« cherez pas sur la route de l'honneur, car il est presque « aussi difficile de convertir un honnête homme à la « friponnerie qu'un fripon à la probité.

« Quand on aura compris que la vie n'est qu'une « suite d'habitudes, que l'habitude est un besoin, et « que tout besoin satisfait est un plaisir, on reconnaîtra « que tous nos plaisirs viennent de nos habitudes, et « puisqu'on trouve autant d'agrément à céder à une « bonne qu'à une mauvaise habitude, il ne faut pas hé-« siter un seul instant sur le choix.

« On reconnaîtra, de plus, qu'il est presque aussi aisé

3

« de prendre une habitude utile, honorable et lucrative, « qu'une habitude inutile, dégradante et dépensière.

« On reconnaîtra de même que le bonheur et le « malheur, la santé et la maladie, la richesse et la pau« vreté, ne sont que les conséquences de bonnes ou de « mauvaises habitudes.

« Un temps viendra donc où la science de l'habitude « sera substituée, dans l'enseignement, à la philosophie, « qui n'est pas une science, mais un instinct, dont on « peut bien constater l'existence, mais qu'on ne saurait « donner ni vendre. »

Vous n'ignorez pas que c'est en suivant cette ligne de conduite que presque tous nos chefs d'atelier, dont la moitié, sinon les deux tiers, sont sortis de vos rangs, sont parvenus à doter leur pays de fabriques et de manufactures, et à se placer sur les échelons plus ou moins élevés de l'échelle industrielle et de la fortune. Il en a été de même pour tous ceux qui, sans vouloir ramper, se sont fait une position honorable. Qui pourrait donc vous empêcher de suivre le sillon qu'ils vous ont tracé.

Les hommes du gouvernement provisoire, investis tout à coup d'une responsabilité immense, surpris comme tant d'autres par la promptitude des événements, ces citoyens placés au gouvernail d'un bâtiment menacé par la tempête ont tout fait pour le sauver du naufrage. Pressés par des circonstances impérieuses qui excluent toute réflexion, ils ont fait ce que tous les gouvernements, dans de pareils moments, ont été forcés de faire, c'est-à-dire de grandes promesses pour arrêter l'effervescence des passions, et calmer les esprits, afin de ramener l'ordre et la tranquillité.

Il faut bien vous le dire, il s'agissait de gagner du temps en accordant presque tout ce que l'on demandait, sauf à modifier ou à abroger plus tard tout ce qui ne satisferait pas les intérêts généraux. Malheureusement, les socialistes, les rêveurs et les utopistes sont venus se mêler de la partie, en semant dans les masses des théories plus ou moins fausses et erronées, que les calculs et la pratique rejettent, et dont le bon sens et le raisonnement font tous les jours justice.

Plus que tout autre, l'orateur qu'on envoyait au Luxembourg, sans examen préalable de son système, au lieu d'organiser, a tout désorganisé; il a prouvé qu'il ne connaissait pas assez les hommes, en proposant l'association en grand, et qu'il connaissait encore moins les affaires commerciales, en faisant décréter par un premier acte la ruine de notre industrie.

Le citoyen Louis Blanc n'est point un législateur, car les législateurs ne détruisent pas, ils améliorent, ils perfectionnent. Il faut au législateur un grand talent, de grandes connaissances, une très-grande perspicacité; il faut que d'un œil d'aigle il embrasse un grand rayon. Car, comme je vous l'ai fait sentir, il est extrêmement difficile de toucher à des intérêts sans que d'autres soient lésés. On ne doit supprimer une chose qu'en la compensant par une autre; autrement on détruit l'équilibre sans lequel point de stabilité ni d'avenir.

Au lieu d'établir les grands ateliers nationaux, en affectant des capitaux sans produits à un but complétement illusoire, dont les résultats ont été si regrettables et si fâcheux à plus d'un titre, ne valait-il pas mieux décréter d'urgence une allocation de *deux cents millions* aux ateliers de production? Dans chaque ville manufacturière on aurait nommé une commission d'hommes compétents; ces citoyens se seraient divisés par catégories et se seraient transportés dans les établissements et ateliers de production ; ils auraient établi un inventaire des matières premières et des marchandises existantes ; on aurait fait établir des livres particuliers pour une commande faite par le gouvernement pour un temps déterminé, six mois par exemple, eu égard aux affaires faites pendant le même laps de temps et avec le même nombre d'ouvriers, que comportait l'établissement avant les événements de février; la commission, ou le conseil d'administration aurait suivi les travaux, et aucun produit n'aurait pu être livré sans une facture signée de cinq membres de la commission, qui auraient jugé de la solvabilité des acheteurs, et auraient réglé les termes de paiements, etc. De cette manière, les ouvriers auraient reçu le salaire habituel, qui aurait suffi, non-seulement aux besoins de première nécessité, mais aussi aux exigences de second ordre ; car eux aussi sont des consommateurs des produits de nos manufactures. Les chefs d'industrie auraient prélevé les frais d'établissement et les frais généraux, tels que impositions, patentes, assurances et frais des employés, ainsi que leurs frais de ménage et une partie des bénéfices, en abandonnant l'autre au profit de la tranquillité des rues qui aurait ramené la confiance ; le crédit étant inutile pour le moment, puisque l'État se serait porté créditeur, soit au moyen de ses ressources, qu'on a en partie épuisées par un faux raisonnement, ou au moyen d'un emprunt forcé sur les contribuables, lequel aurait pu être acquitté par une diminution des impositions en une ou deux années, suivant la position des finances de l'État. Tous les chefs d'industrie se seraient volontiers prêtés à ces combinaisons, d'autant mieux qu'ils ont de grandes pertes lorsqu'ils sont forcés de fermer leurs ateliers.

Il est évident qu'en voyant rentrer les ouvriers dans

leurs ateliers respectifs, les consommateurs se seraient précipités dans les magasins pour les dévaliser en échange de leurs écus; car il y a des besoins et d'autant plus urgents que nous venons de passer une année où les vivres étaient énormément chers, puisque le pain qui vaut aujourd'hui quatre-vingt-cinq centimes les quatre kilogrammes, a valu en 1847 deux fr. vingt-cinq centimes le même poids, ou cent cinquante-huit pour cent de plus, c'est-à-dire que ce qui vaut actuellement 100 francs était payé 258 francs : il en était à peu près dans les mêmes proportions pour les légumes verts et secs. Il est certain que pour la moitié au moins des consommateurs, il y a eu gêne et qu'ils ont dû remettre à une autre époque des achats même indispensables, et dont les besoins sont d'autant plus impérieux aujourd'hui, que l'usure y a contribué pour sa part.

Mais, objectera-t-on, êtes-vous certain que toutes les marchandises que vous aurez fabriquées seront vendues? Certes, la réplique n'est pas difficile. Les chefs d'établissements abandonnant une partie du bénéfice net des commandes du gouvernement, les consommateurs auraient eu à en profiter, attendu que les intermédiaires entre les producteurs et les consommateurs devaient également se contenter d'un moindre avantage, pour que les marchandises en magasin pussent être vendues en concurrence. Croyez-vous donc qu'à cette condition les magasins n'auraient pas été plus vite dégarnis qu'en temps ordinaire?

Actuellement admettez, et je l'admettrai avec vous, que ces transactions ne marchent pas aussi bien en réalité qu'elles marchent sous ma plume; admettons qu'une grande partie des marchandises restent invendues au bout des six mois, temps que j'ai estimé nécessaire pour que tout reprenne son cours habituel; ces marchandises invendues pourraient être offertes à l'encan. Admettons une perte énorme. L'estimez-vous à un quart? moi, je vais plus loin, je la suppose de moitié de l'allocation, c'est-à-dire de 100 millions de perte, ce n'est en définitive qu'un quinzième du budget de la France, ce n'est pas le quart des contributions directes, c'est enfin à peu près la moitié des quarante-cinq centimes que l'on a demandés aux contribuables, lesquels ont encore été augmentés par les centimes additionnels des conseils généraux.

Savez-vous ce qu'il y a eu de perte sur les prêts de 30 millions offerts au commerce et à l'industrie en 1830, encore ces prêts ont été faits à des maisons plus ou moins solides? Voici (1) :

« Les prêts faits au commerce et à l'industrie, pour « lesquels la loi du 17 octobre 1830 avait ouvert un « crédit de 30 millions, ont, en définitive, donné lieu à « une avance de 29,911,329 francs; mais les intérêts et « les frais judiciaires des poursuites contre les em- « prunteurs, ont porté la créance du trésor à la somme « totale de 31,399,437 francs. Les recouvrements ef- « fectués au 1er janvier 1835 s'élevaient à 16,085,721 « francs, ce qui réduisait le solde dû au trésor à « 15,313,716 fr.; sur cette somme, il existe 8,244,997 « francs de créances dont le recouvrement paraît as- « suré; le surplus, de 7,068,819 francs, se compose de « prêts dont les chances de réalisation, pour le trésor, « sont plus ou moins douteuses. »

En supposant que les créances formant ce dernier chiffre n'aient pu être réalisées, il en serait résulté une perte de moins d'un quart, bagatelle en raison

(1) Journal des connaissances utiles (janvier 1836).

des services rendus, puisqu'une grande partie des ouvriers ont passé l'hiver sans avoir besoin de secours, et que la tranquillité s'en est suivie.

Mais compterez-vous pour rien les sacrifices d'argent qui nous ont été imposés depuis le 24 février, ceux que l'on fait en ce moment et ceux que nous serons obligés de faire pour cet hiver, pendant lequel la vie coûtera le double, si pour cette époque les affaires n'ont pas repris la marche habituelle. *Et tout cela sans aucune compensation pour le bien public comme pour le fisc.*

Il faut souvent aux grands maux de forts remèdes.

Nous saurons plus tard le chiffre des recettes et des dépenses depuis le 24 février; je regrette pour la France, autant que pour les citoyens qui ont été successivement au pouvoir, qu'on ne l'ait pas encore fait connaître, parce que pour moi une bonne République doit être comme une grande administration industrielle dont les comptes sont toujours à jour et mis sous les yeux des associés à la première demande, à plus forte raison dans une administration républicaine, puisque c'est un gouvernement de tous par tous et pour tous, c'est-à-dire l'association fraternelle d'une grande famille, ne devant avoir qu'une même pensée : le bien général.

Le citoyen ministre des finances ne devrait jamais attendre qu'on demandât le compte-rendu de la situation de nos finances, mais bien le faire insérer au *Moniteur universel* tous les mois, ou, au plus, tous les trimestres, pour que tous les journaux en fissent la publication, comme on le fait pour la Banque de France; ce serait un des meilleurs moyens pour les gouvernants d'inspirer la confiance à leurs concitoyens.

En résumé :

Ce n'est point pour l'organisation du travail et toutes les utopies proposées, qu'il faut demander des décrets, mais bien pour *l'organisation de l'industrie*, en garantissant la propriété industrielle, commerciale, scientifique, artistique et littéraire (1). Ce qui exclurait la libre concurrence, basée sur la liberté du laissez-faire tout à tous, plaie ignoble et destructive, non-seulement de toute bonne production, mais encore nuisible à la mesure et à la qualité des denrées. Ce n'est véritablement qu'en garantissant, comme je viens de le dire, la propriété industrielle, scientifique, artistique, commerciale et littéraire, ainsi qu'on l'a fait pour la propriété foncière, que vous arriverez à encourager l'association des capitaux, avec défense expresse de présenter aucune action à la Bourse, et que nous pourrons procurer de l'ouvrage à tous nos travailleurs et donner plus d'extension à nos transactions commerciales au-dedans comme au-dehors.

Je ne puis me dispenser à cet égard de citer l'introduction du résumé du *Monautopole*, qui vous encouragera à vous procurer cette excellente brochure (2) sur laquelle j'appelle toutes vos méditations.

« L'industrie s'accroît, se propage, s'étend de « proche en proche, et bientôt elle couvrira l'Europe « entière; jusque-là ce sera bien. On comprend, di- « sent les plus habiles, qu'elle aura pour acheteur tout « le reste du globe. Mais quand la terre entière fera

(1) Voyez le Monautopole (qu'il ne faut pas confondre avec le monopole). Paris et Bruxelles. 1 vol. in-8°, 1844, par Jobard de Bruxelles. — Voir à la fin de cet Opuscule le résumé des théories de l'auteur du Monautopole.

(2) Le Monautopole ou Code complémentaire d'économie sociale (1845), et Avis à la chambre des pairs de France (1845), par le même auteur déjà cité.

« de l'industrie, quand tout le monde produira, qui « donc consommera? Réponse : tout le monde!

« Cela vient à dire : si, au lieu de rester les bras « croisés, de plein gré ou par suite de la mauvaise « organisation du travail social actuel, tous les gens « inoccupés se mettaient à l'œuvre et finissaient par « améliorer tellement la culture des terres, que, tout « le monde aidant, le sol produisît trois fois plus de « céréales, trois fois plus de légumes, trois fois plus « de fruits et de bestiaux qu'il n'en produit aujour-« d'hui, qu'arriverait-il? sinon que le pain, la viande « et les fruits seraient trois fois meilleur marché, et « que tout le monde vivrait trois fois mieux; que la « qualité des denrées serait meilleure, et qu'on ne « songerait plus à les faire foisonner au moyen d'ad-« ditions frauduleuses.

« Eh bien! il en sera de même pour l'industrie; « quand tout le monde produira, soit des objets de « nécessité première, soit des objets de luxe, tout le « monde en aura davantage et à plus bas prix. Le « principe régulateur du marché industriel est le mar-« ché agricole; c'est pour vivre que l'homme travaille. « Si un agriculteur pouvait dîner pour deux sous, « comme sous Louis IX, et qu'il en gagnât vingt, il « deviendrait un consommateur industriel important.

« En somme, c'est le travail seul qui produit le « bien-être et la richesse; c'est au défaut de travail « que l'on doit attribuer la misère publique.

« Or, le travail est le fonds qui manque le moins, il « y en a pour tout le monde, et plus que pour tout le « monde; mais il n'est pas organisé, pas encouragé, « pas garanti.

« Voilà la véritable plaie de toutes les époques, et « la faute tout entière en est aux chefs de l'atelier so-

« cial, dont toute la préoccupation devrait consister à « chercher, à trouver, à inventer du travail, comme « un fabricant s'occupe à chercher des commandes, « pour ne pas laisser chômer ses ouvriers. Dès qu'il « n'en est pas ainsi, et que les chefs s'amusent, ban- « quettent et se promènent, insouciants de ce qui se « passe dans leurs usines, et laissant faire à chacun ce « qui lui plaît, l'atelier se ruine, se ferme, et les ou- « vriers sont sur le pavé.

« Telle est l'image, en petit, de ce qui se passe dans « les gouvernements du *laissez-passer*, qui n'ont pas « de souci du travail du peuple, qui n'organisent rien « dans cette voie, et qui croient avoir tout fait en *lais- « sant tout faire*.

« Nous avons un Code pour régler les délits et les « peines, nous n'en avons pas pour régler le travail. « Ce Code, le plus essentiel de tous, devait être con- « temporain du Code de la propriété.

« Nous avons, en temps de paix, un ministère de la « guerre, nous n'avons pas un ministère de l'avenir; « nous avons une direction des beaux-arts, nous n'a- « vons pas une direction des sciences utiles, source « première du travail.

« Tout le monde se rue librement dans les mêmes « carrières, sans guide, sans ordre, sans direction, et « l'on en délaisse une foule d'autres, qu'un gouverne- « ment clairvoyant devrait indiquer, et dont il devrait, « au besoin, prendre l'initiative.

« En un mot, personne n'étant sûr de sa propriété « industrielle et commerciale, il y a danger et ruine « pour tous les initiateurs, et, ce qu'il y a de plus pru- « dent aujourd'hui, c'est de ne rien commencer, de « ne rien faire, tant que l'on a quelque chose à con- « server.

« Telle est pourtant la position fâcheuse où nous « laisse le défaut d'organisation du travail; c'est de « restreindre, d'étouffer le travail: c'est, par consé-« quent, d'amoindrir la richesse publique, qui n'est « autre chose que le travail bien entendu, le travail « organisé, le travail garanti. »

Maintenant, mes chers amis, je pressens une objection que votre bon sens ne manquera pas de faire contre mon projet. Vous prétendez, me direz-vous, assurer à l'ouvrier du repos après le travail, un asile dans sa vieillesse. C'est très-bien; mais c'est là une question d'avenir, et, avant de s'occuper de l'avenir, il faut penser au présent; il ne s'agit pas dans ce moment de crise, d'assurer le sort de ceux qui ne peuvent plus travailler, mais plutôt de donner de l'ouvrage aux travailleurs, à tous ces bras inoccupés, et qui ne doivent et ne veulent pas encore se reposer.

C'est très-vrai, mon projet concerne surtout l'avenir, bien qu'il soit évident que s'il était mis à exécution, il moraliserait les travailleurs dès à présent. Mais si je vous parle d'un projet concernant l'avenir, c'est que des hommes éminents ont, selon moi, résolu, d'une manière satisfaisante, la question du présent, et justement mon projet me paraît le complément indispensable d'une bonne réorganisation de l'industrie. Je vous ai déjà renvoyé plus d'une fois au *Monautopole* de M. Jobard. Je ne veux pas vous faire ici de plus longues citations de ce livre vraiment utile, mais je ne mets pas en doute que l'exécution de la plupart des théories et moyens indiqués par l'auteur ne soient la réorganisation, je pourrais dire la résurrection de l'industrie, par conséquent du travail.

Si ces idées n'ont pas été appliquées, bien qu'émises déjà depuis plusieurs années, il faut s'en prendre à l'espèce de stagnation de l'ancien gouvernement en pareille matière. S'il eût agi autrement, on eût évité la crise industrielle actuelle. Aujourd'hui, le gouvernement de la République n'hésitera pas à s'occuper vivement de cette grave question, et à appliquer des idées si sages et qui peuvent devenir si fécondes. Ceci expliqué, vous voyez que votre objection tombe. On s'est occupé du travail; mais j'avais raison de dire qu'on ne s'était jamais occupé *du repos, après le travail.* C'est cette lacune que je remplis. Vous pouvez donc lire mon projet sans lui faire le reproche d'être inopportun.

Je me suis peut-être déjà trop écarté du but que je m'étais proposé, en vous adressant cette épître, ce n'est pas que je le regrette, car aujourd'hui tout bon citoyen est appelé à émettre, non-seulement ses idées, mais à les développer.

En parlant d'idées, il m'en vient une en ce moment qui ne sera pas du goût de tout le monde, je vous en préviens d'avance, mais je la crois bonne, et je suis trop franc pour la taire, puisque d'ailleurs elle est toute dans votre intérêt.

Il est évident que souvent l'ouvrier a besoin dans la journée, ou que l'occasion s'offre dans un moment de repos, de se rafraîchir. Où va-t-il? chez le marchand de vin, lequel ne lui offre, et l'ouvrier prend l'habitude de ne boire que des boissons alcooliques, ces boissons répétées, prises surtout hors des repas, lui donnent une excitation factice et l'enivrent, bien loin de le fortifier.

Il serait plus rationnel et dans l'intérêt des familles de n'absorber les boissons alcooliques qu'aux repas, qui sont à un certain âge le véhicule d'une bonne digestion; et de ne prendre comme rafraîchissement, au besoin, que des boissons gazeuses qu'on obtiendrait à très-bas prix, si la consommation était plus considérable.

La sobriété est la première vertu que doit posséder un véritable républicain; l'intempérance est la source de tous les maux; l'abus des boissons est ce qui fait le plus grand tort au travail, à la bourse et à la santé; la nature ne nous les donne pas pour en abuser, elle a si bien fait les choses, qu'elle n'en est pas prodigue. La terre, qu'il faut travailler et cultiver pour les obtenir, ne nous en fait cadeau que pour réparer nos forces et non pour les détruire; aussi, pour fournir à la consommation, qui dépasse de beaucoup les produits, la spéculation et la fraude la plus infâme ont-elles employé à la fabrication de quelques boissons des moyens illicites pour séduire et les yeux et le palais, en y introduisant des substances nuisibles à la santé. Les gouvernants laissent fabriquer et livrer à la consommation ces boissons falsifiées, lesquelles sont vendues à vil prix en libre concurrence avec celles que nous fournit la nature.

Une boisson saine ne rend pas méchant, elle donne de la gaieté, son abus rend malade; et si, dans une occurrence, on arrive à la gaieté, on doit savoir s'y arrêter.

Il faut donc supprimer ces folles dépenses qui sont des prodigalités aussi impardonnables qu'elles sont irréparables, et qui vous privent des avances indispensables dans un ménage pour se procurer en gros ce que vous êtes obligés d'acheter en détail, en payant de 25 à 100 pour cent plus cher presque toutes les choses nécessaires à l'existence, et que, faute de ces avances, vous achetez pour la plupart indirectement en seconde et troisième main.

Je ne veux pas terminer cette longue lettre sans un

article d'économie domestique, qui a aussi son caractère moral; car j'ai besoin que vous sachiez faire et que vous fassiez des économies, pour participer à notre grande association fraternelle.

Ce qui pèse le plus sur les travailleurs manuels, c'est le monopole et les droits sur les objets de consommation quotidienne; mais ce n'est pas en un jour, vous le savez, que l'on peut résoudre ces problèmes, ce n'est qu'avec le temps et les perfectionnements, ainsi que par des dégrèvements successifs, compensés par les économies d'une bonne administration, que l'on pourra nous procurer la vie à bon marché.

Croiriez-vous, par exemple, que sans la routine et les mauvais vouloirs de nos travailleurs agricoles, l'agriculture nous fournirait près d'un quart en plus, sans augmentation de main-d'œuvre et avec économie, les céréales qu'elle produit, et cela, en semant les blés mécaniquement au lieu de les semer à la volée. Tout le monde sait que lorsqu'une industrie fait des progrès, toutes les branches qui s'y rattachent se trouvent forcément entraînées vers cette pente, si elles ne veulent pas dépérir.

Voyez combien ces améliorations pourraient déjà soulager nos dépenses; mais, en attendant qu'elles s'accomplissent, voyons s'il n'est pas possible d'améliorer vous-mêmes un peu votre position.

Je sais bien que chacun a sa fantaisie et ses petites passions; mais il est essentiel de faire les calculs de son temps et de sa bourse, pour que les dépenses nous soient moins onéreuses.

Vous venez de voir quelle énorme différence il y a à acheter au détail; eh bien! quelque minime que soit le salaire, on peut toujours s'imposer quelques privations; on est malheureusement quelquefois forcément obligé de le faire, et il y a une grande satisfaction à le faire autrement quand on en prévoit la récompense. En accomplissant cette loi personnelle, pendant un mois ou deux, on trouvera au bout de ce temps une certaine avance, avec laquelle on pourra déjà éviter quelques achats au détail, et sur lesquels on aura une économie de 25 à 30 pour cent, sur ce que ces objets coûtaient précédemment. C'est en procédant ainsi et en persistant dans cette manière d'acheter, que l'aisance de chacun augmentera bientôt. Ayez un agenda, un petit livret sur lequel vous inscrirez exactement vos recettes et vos dépenses, et vous serez étonnés au bout de six mois, ou au bout de l'année, de la différence qui existe en achetant pour huit ou quinze jours et même un mois, ce que vous achetiez ordinairement au regrat, c'est-à-dire jour par jour. Tenez rigoureusement votre livre de dépenses; un négociant ne pourrait se passer de livres pour ses affaires, il ne pourrait se rendre compte s'il a fait des bénéfices ou des pertes. C'est en consultant ses livres qu'il dirige sa barque. Il doit en être de même dans un ménage; on voit chaque mois ce qu'il reste, et si l'on a fait des dépenses inutiles. C'est le seul moyen d'avoir de l'ordre et de faire des économies. Vous verrez, chaque année, augmenter votre avoir, et pourrez profiter des bienfaits et des avantages des caisses d'épargne, où il vous est si facile de placer pièce à pièce le fruit de vos économies, pour n'être pas entraînés à de folles dépenses qui peuvent vous empêcher de devenir chefs d'ateliers ou manufacturiers.

Y a-t-il quelqu'un de plus indépendant que vous sous tous les rapports? Quand vous quittez les ateliers, vous êtes libres du temps qui vous reste, tandis que les chefs d'industrie, pour le plus grand nombre, s'occupent encore de vous une partie de la nuit, soit pour chercher les moyens de procurer des travaux à l'établissement, ou pour préparer le travail qui doit vous être confié chaque jour, et, vous le savez, quelquefois ces chefs d'établissements, au lieu de trouver la rémunération de ces travaux incessants, n'ont trop souvent pour résultat que leur ruine, soit par de fausses spéculations ou par la faillite et la mauvaise foi des commettants; dangers que vous ne courrez en aucune circonstance. Quand vous aurez un avenir, que vous manquera-t-il?

La République ne peut laisser périr ses enfants, elle leur doit aide et protection; mais elle attend d'eux du calme et de la tranquillité.

Tout le monde est prêt à faire pour vous tout ce qu'il sera possible; en revanche, il est indispensable que, de votre côté, vous employiez tous les moyens en votre pouvoir pour mériter le titre de *frères*, que la République a proclamé. C'est par la sagesse, l'ordre et l'économie qu'on assurera l'avenir de tous; sans ces considérations, la grande famille ne saurait exister.

Vous le voyez, mes chers amis, je vous ai parlé un peu de tout, au hasard, sans méthode habile, n'ayant d'autre guide que mon bon sens et ma vive sympathie pour vous. Mais, dans tout ce que je vous dis, vous reconnaissez, j'en suis sûr, une voix amie, et peut-être entendez-vous mieux cette voix qu'une autre plus savante.

Maintenant que j'ai causé avec vous et vous ai dit ce que j'avais sur le cœur, j'arrive à mon projet.

Ce qu'il faut à tous les travailleurs, n'est-ce pas l'instruction, du travail et un avenir? Je laisse à l'administration supérieure le soin de trouver la solution des deux premiers termes de cette équation à trois inconnues. Je vais essayer de démontrer que lorsqu'on le voudra, on peut résoudre le troisième terme, qui découle des deux autres, en se basant sur le principe sacré de la fraternité.

Avant de passer à ce projet, permettez-moi encore une citation de l'auteur des ouvrages cités, et de vous montrer le trochite qu'il a tracé sur l'impôt foncier en France, et que vous trouverez au verso de cette page.

« La révolution de 92 a puissamment contribué à augmenter le nombre des patriotes et des contribuables. L'édifice de la richesse publique avant cette révolution devait se rapprocher beaucoup de la forme d'un long obélisque appuyé sur une base disproportionnée ; aussi est-il tombé à la première trépidation populaire.

« Aujourd'hui, la figure symbolique de la fortune nationale présente un édifice doué de toutes les apparences de stabilité nécessaire à sa durée.

« Les diverses assises de l'impôt foncier ont pris plus de développement, le nombre des propriétaires s'est accru par le morcellement ; mais il reste bien des cases à remplir avant que cet édifice ait atteint la figure géométrique de la plus grande stabilité, celle d'une pyramide rectangulaire, susceptible de résister aux plus grands tremblements politiques, comme les pyramides des Rhamsès ont résisté aux tremblements de terre qui ont renversé les colonnes, les obélisques, et jusques aux monolithes qui les entouraient.

« Les anciens matériaux sont épuisés, mais nous pouvons, nous devons en créer de nouveaux ; or, ces matériaux sont là tout prêts à prendre place dans les vides, et à se raccorder aux pierres d'attente du mouvement de la propriété matérielle, nous les trouverons dans la *propriété intellectuelle* en décrétant que *chacun est propriétaire et responsable de ses œuvres.* »

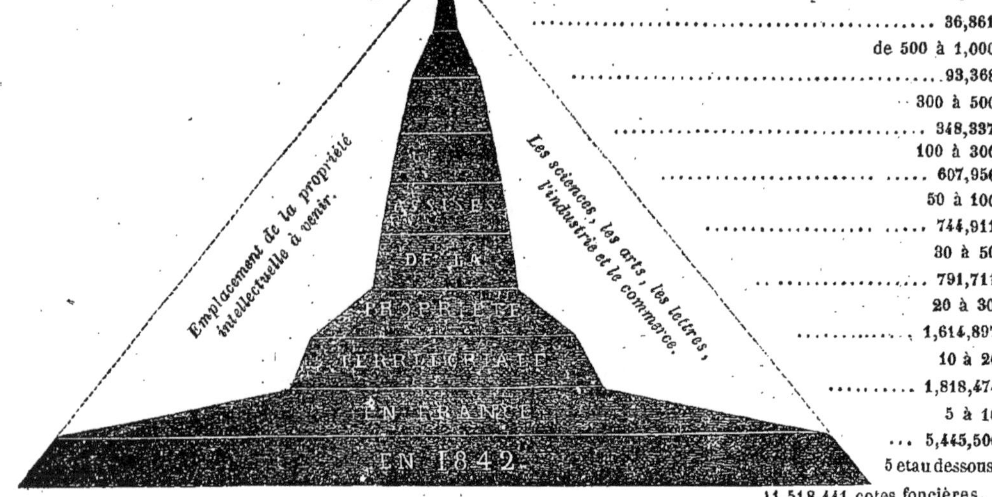
TROCHITE DE LA PROPRIÉTÉ FONCIÈRE.
Emplacement de la propriété intellectuelle à venir.
ASSISES DE LA PROPRIÉTÉ TERRITORIALE EN FRANCE EN 1842.
Les sciences, les arts, les lettres, l'industrie et le commerce.
Nombre de cotes....... 16,346
au-dessus de 1,000
.... 36,861
de 500 à 1,000
.... 93,368
300 à 500
.... 348,337
100 à 300
.... 607,956
50 à 100
.... 744,911
30 à 50
.... 791,711
20 à 30
.... 1,614,897
10 à 20
.... 1,818,474
5 à 10
... 5,445,500
5 et au dessous.
11,518,441 cotes foncières.

SECONDE PARTIE.

DÉVELOPPEMENT DU PROJET DE FONDATION DES INVALIDES CIVILS.

Résolution du grand problème de l'extinction du paupérisme et de la mendicité, basée sur le principe de la fraternité, par la cotisation proportionnelle et universelle.

L'homme naît pour travailler, et se reposer à l'abri du besoin lorsque les forces lui manquent.

Il ne faut pas se dissimuler les obstacles à surmonter et les difficultés à vaincre, dans notre société actuelle, pour la résolution du grand problème qui fait le sujet du titre de cette proposition.

Bien des hommes de toutes les classes de la société s'en sont occupés sans trouver aucune solution.

Pour résoudre un pareil problème, bien des conditions sont indispensables; la plus essentielle est celle de procurer du travail à tous les associés. Les autres sont également nécessaires et peuvent se résumer en peu de mots : la sobriété, la moralité, la probité, l'amour du travail et toutes les convenances sociales sans lesquelles la société ne peut exister.

Association générale par la cotisation de tous, dans les villes comme dans les campagnes, pour arriver au but désiré; voilà ce que nous proposons. Ne sommes-nous pas tous membres et frères d'une grande famille?

De l'association, qui donne le droit de contrôler la conduite, découlera évidemment la moralisation, d'où naîtra l'intérêt général et le sentiment du soutien de la patrie.

Le projet que je vais proposer est le plus grand et le plus vaste qui ait peut-être jamais été mis en évidence; la bonne volonté, la fraternité et le patriotisme bien compris, doivent le faire réussir.

Essayons de bien définir ce que l'on doit entendre par la dénomination de gouvernement républicain.

Nous avons décomposé le mot République en trois autres : Liberté, Égalité, Fraternité, qui doivent être sacrés pour tout bon et loyal républicain. De cette définition, on peut déduire que la République est le gouvernement de tous par tous et pour tous; cherchons à tout édifier sur cette base.

Tous les citoyens d'une République, sous la dénomination de peuple sans distinction, forment une grande famille; c'est une armée de travailleurs tendant tous au même but, le repos à l'abri du besoin lorsque les forces manqueront.

Donc tous les citoyens d'une République sont des travailleurs sous différentes dénominations, telles que capitalistes, banquiers, industriels, fabricants, négociants, travailleurs-manuels, artistes, commissionnaires, marchands, employés, etc., et chacun dans la proportion de sa capacité, de son intelligence et de son génie, et tendant tous au but désiré : le repos après le travail. Les moyens d'arriver à ce but ont toujours manqué à une partie de nos travailleurs. Une foule d'associations ont bien été proposées, établies; la plupart n'ont pu marcher et très-peu atteignent le véritable but, celui de créer à l'ouvrier un revenu suffisant, lorsque l'âge et les force l'obligent à l'inaction.

Jusqu'ici, il faut le dire, une grande partie des travailleurs est vouée à une plus ou moins grande misère, et, il faut le dire aussi, une fraction de cette partie doit attribuer sa misère au manque de conduite, d'ordre et d'économie. C'est donc à la philanthropie, à l'humanité et à la fraternité à rechercher les moyens de parer à ce grave et pernicieux état de choses.

Bien des écrivains, des hommes éminents, des philanthropes, ont écrit des volumes, de belles pages, mais la plupart n'ont fait que discourir sur cette grave question. Les conseils généraux s'en sont occupés, celui de la Seine (1) a particulièrement étudié les caisses de retraite pour les ouvriers. Une commission fut nommée et les conclusions en furent adoptées; mais il n'y eut aucune suite, aucune solution, parce que l'on n'avait traité la question qu'avec des mots et des phrases, et non avec des chiffres.

Citons une des belles pages d'un ouvrage (2) que j'estime à plus d'un titre, et sur laquelle, cependant, je me permettrai une réflexion.

« La société, comme les individus, est soumise à des « obligations morales; cette sujétion est pour elle une « gloire; car elle se lie au but même pour lequel la « société est constituée; elle dérive de la consécration « que le législateur suprême a imprimée aux liens de la « commune famille. Il y a des devoirs collectifs, comme « des devoirs privés; les premiers ne sont que l'expres« sion commune des seconds. Il y a de bonnes actions « faites en commun, comme il y en a qui sont isolées. « Il y a de généreux sentiments qui éclatent à la fois

(1) Conseils généraux de l'agriculture, des manufactures et du commerce, 1845-1846.

(2) De la bienfaisance publique, par M. de Gérando.

« dans toutes les âmes, qui s'expriment par une même « voix, se confondent dans un même organe. Les de« voirs de la société n'ont pas toujours précisément le « même objet que ceux des particuliers; ils ne sont pas « circonscrits dans les mêmes limites; mais ils tendent « au même but, le bien-être de tous, leur perfection« nement intellectuel et moral; ils respectent également « les droits de la vérité, de l'équité, de l'humanité. La « société n'est pas seulement tenue d'être juste, mais « aussi d'être généreuse, reconnaissante; elle doit en« couragement aux lumières utiles, protection aux « bonnes mœurs, rémunération aux services publics, « honneur à la vertu, respect à la religion, en même « temps qu'elle doit des garanties aux propriétés et aux « personnes; nier les obligations morales de la société, « ce serait lui ravir ses droits les plus importants et les « plus sacrés.

« Parmi ces devoirs, figure au premier rang celui de « la bienfaisance publique; car la société est instituée « pour le plus grand avantage de tous ses membres; « elle doit son appui plus spécialement à ceux qui, « dans leur infortune, ont le plus besoin de l'obtenir; « c'est le devoir qui dérive d'une adoption irrévocable; « c'est le devoir qui résulte d'un engagement tacite et « d'une solidarité universelle.

« La bienfaisance publique est un devoir : car la so« ciété est tenue de réparer les maux qu'elle fait subir. « Or, qui mesurera la part que les vices de ses institu« tions, les erreurs de sa législation, les écarts de sa po« litique, les fautes de ses chefs, la négligence de son « administration, les accidents nés des succès mêmes « auxquels elle doit sa prospérité, les traditions et les « exemples qu'elle conserve et propage, les encourage« ments mal entendus qu'elle distribue, peuvent avoir

« prise dans les causes qui concourent d'une manière « générale aux souffrances du pauvre?

« La bienfaisance publique est un devoir : car la so- « ciété se doit à elle-même de veiller à sa propre con- « servation, d'aspirer aux progrès, de maintenir la paix « dans son sein, d'assurer l'ordre, de prévenir les fléaux « ou d'y porter remède. Veiller à ce que l'infortune ne « reste pas livrée au désespoir, est pour elle-même une « obligation, aussi et plus rigoureuse que de pourvoir « aux nécessités que font naître les contagions, les « inondations, les incendies, que de garantir l'arrivage « des subsistances et l'approvisionnement des marchés. « Les suites funestes que la pauvreté entraîne à sa suite « n'altèrent-elles pas, dans ses sources mêmes, la vie « sociale? ne menacent-elles pas et le principe de l'ac- « tivité, et la société générale, et les mœurs publiques, « et la dignité de l'humanité?

« Eh! que nous importeraient tant de soins empres- « sés de l'administration publique pour ériger de fas- « tueux monuments, pour embellir nos cités, favoriser « nos plaisirs, si, sous nos yeux, une partie de la popu- « lation, délaissée, répudiée, languissait dans les néces- « sités les plus cruelles? Quelle serait cette prospérité « prétendue, qui se bornerait à garantir le repos de « ceux qui jouissent de tous les agréments de la vie, et « ne tiendrait nul compte des gémissements de ceux « qu'accablent les souffrances? N'est-il pas aussi dans « l'intérêt de la société de se montrer bienveillante pour « les individus maltraités par le sort? N'y va-t-il pas de « son existence même, de prévenir les dispositions hos- « tiles que l'amertume de l'abandon pourrait inspirer, « et ce frémissement sourd et terrible qui fait craindre « de voir rompre les liens qui la composent? Quelle « plus haute nécessité pour l'État que de réconcilier « ces êtres disgraciés par ses institutions et ses lois, et

« de leur faire bénir la puissance publique en faisant « descendre jusqu'à eux les salutaires effets de sa sol- « licitude? Les établissements nés de la bienfaisance « publique sont comme une sorte de témoignage écla- « tant et durable de cette sainte alliance, qui fonde la « société humaine, et de tous ses membres ne forme « qu'un seul corps, parce qu'il les anime d'une même « vie.

« La bienfaisance publique est un devoir : car c'est « un devoir pour chaque famille, de soutenir ceux de « ses membres qui sont atteints par des revers ; et si la « famille manque au malheureux, si c'est une famille « entière elle-même qui se voit enveloppée dans le « désastre, qui héritera de cette obligation, si ce n'est « la communauté, la société, cette famille toujours sub- « sistante, et dans laquelle toutes les autres se con- « fondent. »

Ici, dans la pensée de l'auteur, on découvre évidemment un contrat auquel tous les citoyens doivent souscrire, et il est évident que du moment où la société tout entière prendra un engagement sous ce rapport, elle est en droit d'obtenir des garanties de sécurité pour l'avenir par une bonne révision de nos lois organiques.

La France, sans s'en douter, dépense peut-être près d'un milliard en secours, dons, legs, aumônes et *abus* de toute espèce, et nous sommes entourés de malheureux! Pourquoi? Par le manque d'organisation sociale qui annulle toute surveillance et tout contrôle. Une grande partie de cette dépense est absorbée à contre-sens. La partie des secours remis en nature est pour une bonne fraction échangée contre espèces avec perte ; et la fraction qui reste de ce honteux trafic, est encore en partie détournée de sa véritable destination; enfin la dernière partie, et c'est la plus faible, porte ses fruits en remplissant le but de la bienfaisance. Comme on le voit, une partie notable de ce capital disparaît en fumée et ne profite aucunement aux produits de nos manufactures, par conséquent au travail manuel.

La paresse et l'oisiveté se portent en majeure partie vers la rapine, le vol et la débauche, avec tout ce qu'elle a de hideux; et tout cela, il faut bien le dire puisqu'on ne l'a pas fait, faute de la création *d'un ministère spécial d'organisation générale et d'avenir.*

Tout le monde sait que la plupart des vieux parents de nos travailleurs vivent plus misérablement que nos mendiants éhontés, parce que leurs enfants ne veulent pas qu'ils tendent la main, et qu'eux-mêmes préfèrent dépérir de privation et d'inanition. Quelle est la cause de ce triste état de choses, malheureusement trop réel? C'est que, d'une part, ils ont honte de la mendicité, et que, d'autre part, ils reconnaissent qu'ils sont à charge à des enfants dont la piété filiale s'épuise en vains efforts. Il en est quelques-uns dont la vieillesse, par ses caprices et ses exigences, cause la ruine de leurs malheureuses familles.

Ce ne sont point les mendiants proprement dits qui sont à plaindre, car la plupart vivent bien et souvent largement; n'a-t-on pas des exemples de mendiants qui ont amassé de véritables fortunes? c'est encore aux dépens des malheureux; la distribution d'aumônes bien souvent arrachées autant à la crainte qu'à la pitié, ne tourne jamais au profit de notre industrie; ce qui m'a toujours fait penser que loin de produire trop, nous ne produirions pas assez, si notre société se trouvait dans une position telle, que nous n'eussions plus à craindre les vols et la débauche, et que l'on ne vît plus la paresse et la misère étaler des haillons qui blessent notre dignité et notre amour-propre ; c'est là le vice de cette civilisation que nous sommes appelés, comme je l'ai dit ailleurs, à porter au suprême degré, en faisant disparaître à jamais l'*aumône*, qui n'est pas compatible avec la République, et qui devrait disparaître aussi de chez tous les peuples qui se disent civilisés.

Lorsque la nouvelle République française, qui a été proclamée au 24 février 1848, sera assise sur une base solide et inébranlable par le vote d'une sage et juste constitution, lorsque l'on aura révisé et réglé les lois gouvernementales et organiques ; lorsque les citoyens auront compris les avantages d'une République sage et modérée, il en résultera nécessairement une union de confraternité qui augmentera la force de la nation ; c'est alors que toute division d'opinion s'effacera devant le principe sacré de la véritable fraternité.

C'est sur ce principe, qui doit être indestructible, que je fonde le projet d'une cotisation fraternelle et universelle, basée sur un prélèvement minime et équitable établi sur les contributions foncières, mobilières et personnelles, ainsi que sur les salaires, lesquels prélèvements formeront une somme suffisante pour l'entretien de trois millions d'invalides civils.

La France contient aujourd'hui trente-cinq millions d'habitants, ainsi répartis :

1° D'après les documents officiels publiés en 1835 par M. d'Audiffret (1), le nombre des cotes : de la contribution foncière s'élève sans fractions, à 10,891,000 ;

(1) N'ayant pu me procurer les dernières statistiques générales sur la France, j'ai pris celles qui ont été publiées en 1835 et rapportées par le *Journal des connaissances utiles* en 1841, p. 259. Aujourd'hui le nombre des contribuables doit être beaucoup plus grand.

2° De la contribution personnelle et mobilière, à 6,000,000 ;

3° Le nombre des travailleurs manuels des deux sexes, à partir de l'âge de vingt ans (âge où doit commencer la cotisation), dans ce chiffre sont compris les domestiques des deux sexes, ce nombre est de 8,000,000;

4° Contributions des portes et fenêtres, pour lesquelles le nombre des maisons s'élève à 6,796,000 ;

5 Il faut supposer que, même en temps de paix, nous aurons une armée dont l'effectif, en hommes, sera de 300,000.

Examinons actuellement ces différents chiffres sous le rapport des cotisations. Comme on ne compte que trois cents jours de travail, les cotisations ne seront établies que sur ce chiffre.

Pour le premier chiffre de 10,891,000, si on jette les yeux sur le tableau ci-après, on verra que les prélèvements, fixés en raison de la position de chaque contribuable pour trois cents jours, donnent une somme de 102,036,900 francs.

TABLEAU DE RÉPARTITION.

COTES des contributions foncières.	MOYENNE.	NOMBRE des contribuables en 1835.	MOYENNE de la cotisation quotidienne par contribuable	COTISATION annuelle par contribuable pour 300 jours.	TOTAUX.
5 et au-dessous.	2 f. 50	5,205,000	0 f. 0066	1 f. 98	10,305,900
5 à 10	7 50	1,752,000	0 01	3 »	5,256,000
10 à 20	15 »	1 514,000	0 02	6 »	9,084,000
20 à 30	25 »	739,000	0 03	9 »	6,651,000
30 à 50	40 »	684,000	0 04	12 »	8,208,000
50 à 100	75 »	553,000	0 08	24 »	13,272,000
100 à 300	200 »	341,000	0 25	75 »	25,575,000
300 à 500	400 »	57,000	0 35	105 »	5,985,000
500 à 1000	750 »	33,000	1 »	300 »	9,900,000
1000 et au-dessus.	1500 »	13,000	2 »	600 »	7,800,000
		10,891,000			102,036,900

Quant au second chiffre de 6,000,000, en faisant remarquer que beaucoup de personnes échappent encore à cette contribution, nous ne pouvons pas nous tromper en admettant que la moitié de ce nombre pourra cotiser pour 10 centimes par jour, pour trois cents jours, ce qui donne 90,000,000.

Sur le troisième chiffre de huit millions de travailleurs des deux sexes, il serait prélevé le quinzième du salaire, lequel prélèvement est évalué en moyenne à 10 centimes par jour, également pour trois cents jours de travail, ce qui donne 240,000,000.

Sur le quatrième chiffre de trente-sept millions d'ouvertures, afin d'atteindre proportionnellement les diverses maisons, le prélèvement pour chaque ouverture sera de 0,001 de franc, ou un dixième de centime par jour, aussi pour trois cents jours, ce qui donne 11,100,000.

Sur le cinquième chiffre de trois cent mille hommes formant l'armée, officiers et soldats, le prélèvement en moyenne, dans une proportion déterminée, sera de 0,01 de franc, ou un centime par jour, et pour trois cents jours, donne 900,000.

6° Actuellement, la plus belle association que les chefs d'établissements et d'industrie, et les chefs de maisons particulières puissent fonder dans l'intérêt des travailleurs, c'est de cotiser en faveur de tous les travailleurs des deux sexes pour 0,07 de franc, ou 7 centimes par jour pour chaque travailleur qu'ils emploieront ou qui seront à leur service, et aussi pour trois cents jours, ce qui nous fera sur le nombre de huit millions une somme de 168,000,000.

Le tableau suivant montre le résultat de toutes les cotisations

	fr.
1° Impositions foncières d'après le tableau précédent..................................	102,036,900
2° Trois millions de citoyens et citoyennes pour les impositions personnelles et mobilières susceptibles de cotiser pour 30 fr. par an......	90,000,000
3° Sur un chiffre de huit millions de travailleurs des deux sexes, le 15e du salaire, évalué.	240,000,000
4° Sur les 37 millions d'ouvertures, surplus proportionnel sur la valeur des maisons......	11,100,000
5° Sur les 300,000 h. composant l'armée....	900,000
6° Enfin la cotisation des chefs des diverses industries et chefs de maisons particulières...	168,000,000
	612,036,900

soit 600 millions en chiffres ronds (1).

Voilà une somme de 600 millions dont on pourrait disposer chaque année; comme on le voit, ce sont les petits ruisseaux qui font les grandes rivières.

Ce sera un budget particulier en dehors de celui du gouvernement de la République, et pour lequel nous

(1) On pourra remarquer que si le chiffre de 600 millions est élevé, le chiffre des invalides civils est aussi porté à un maximum d'environ un tiers au-dessus des indications statistiques.

Ce n'est pas toujours le travail qui manque aux mendiants et aux indigents, mais une grande partie de ces malheureux ayant vaincu toute répugnance et honte, aiment mieux une existence plus ou moins misérable qu'ils s'assurent en tendant la main ou en recevant des secours, ce qui satisfait leur paresse.

Si notre industrie était organisée il y aurait du travail pour tous. Si l'aumône disparaissait de notre société, les paresseux ne pourraient vivre sans travailler. De l'organisation de notre industrie il résulterait inévitablement qu'un plus grand nombre d'individus pourvoiraient à leur avenir, et que le chiffre des invalides diminuant beaucoup, réduirait la somme des cotisations d'autant : et 400 millions, peut-être moins, seraient suffisants pour éteindre complétement la mendicité et assurer un avenir à ceux qui n'auraient pu y pourvoir.

aurons besoin du gouvernement pour la perception gratuite, au moyen d'un article spécial aux feuilles des contributions, pour une partie, et l'autre partie sera remise entre les mains des receveurs généraux par les soins des municipalités, pour le tout être versé dans la caisse des invalides civils, sous la direction et la responsabilité d'un administrateur général des hôtels des invalides civils.

Il est bien peu de personnes qui ne paient pas leur tribut pour soulager le malheur et la misère; quel est donc l'individu qui ne souscrirait pas une cotisation aussi minime et que chacun peut évaluer en somme, en consultant le tableau de répartition et les chiffres posés (1).

Voyons maintenant quel sera en définitif l'emploi d'une bagatelle de chaque jour et pour chacun, obtenue de l'œuvre la plus fraternelle, et que l'on peut considérer en somme comme équivalente à la pierre philosophale.

Sur les huit millions de travailleurs pris à l'âge de vingt ans obtenant la retraite à l'âge de soixante ans, nous allons examiner, au moyen de tables de mortalité, le chiffre qui restera après cette période de quarante ans.

Les deux tables ci-après ont été relevées sur l'*Annuaire du bureau des longitudes*. L'une a été calculée d'après celle que Devillard a faite en 1806 sur la mortalité générale en France, et l'autre d'après celle que Deparcieux a établie également pour la France en 1746, mais sur des têtes choisies.

(1) C'est à peu près, en moyenne, 10 centimes par jour ou 30 fr. par an.

TABLES DE LA MORTALITÉ EN FRANCE

Par DUVILLARD, 1806.

AGES.	SURVIVANS sur un million d'individus.	SURVIVANS sur 8 millions d'invidus âgés de 20 ans.	RAPPORT simplifié.
20	502,216	8,000,000	301
58	231,488	3,687,465	139
60	213,567	3,401,994	128
61	204,380	3.255,650	122
62	195,054	3,107,093	117
63	185,600	2,956,496	111
64	176,035	2,804,132	105
65	166.377	2,650,285	100

Par DEPARCIEUX, 1746

AGES.	SURVIVANS sur mille individus.	SURVIVANS sur 8 millions d'individus âgés de 20 ans.	RAPPORT simplifié.
20	814	8,000,000	206
58	489	4,805,896	123
60	463	4,550,368	117
61	450	4,422,604	113
62	437	4,294,840	110
63	423	4,157,248	107
64	409	4,019,656	103
65	395	3,882,063	100

Ces deux tables, comme on peut le remarquer, ont été calculées sur huit millions d'individus pris à l'âge de vingt ans, comme je l'ai déjà dit plus haut. L'une de ces tables a été faite sur la mortalité indistinctement, tandis que l'autre a été établie sur des têtes choisies. Comme les tables qui ont été faites depuis n'offrent pas assez de confiance, et pour éviter une trop grande erreur, nous prendrons la moyenne des deux tables ci-dessus à l'âge de soixante ans,

$$\frac{3,401,994 + 4,550,368}{2} = 3,976,181.$$

Il nous restera donc 3,976,181 individus ; mais sur ce nombre on m'accordera bien qu'un quart environ n'aura pas besoin d'être admis aux invalides civils, soit donc un chiffre rond de trois millions (1).

Ces trois millions de citoyens et de citoyennes devront être logés, nourris, habillés, chauffés, blanchis, entretenus et éclairés avec la cotisation obtenue chaque année.

On se rappelle que nous avons pour cela une somme de 600 millions.

$$\frac{600,000,000}{3,000,000} = 200,$$

c'est par conséquent 200 francs par an et par chaque

(1) En 1829, le nombre d'indigents était de....... 1,852,984
Mendiants........................ 75,120

(Journal des connaiss. utiles, 1832, p. 19.) 1,928,104

A cette époque la population de la France était de 32 à 33 millions d'âmes, c'est, comme on peut le calculer, environ un indigent sur 16 habitants. En supposant que l'indigence se soit accrue dans la même proportion que la population, ce qui n'est pas probable, nous aurions pour la population actuelle

$$\frac{35,000,000}{16} = 2,125,000 \text{ indigents.}$$

Comme on le voit, le chiffre de 3 millions que j'admets, est un très-grand maximum.

En 1839, indigents secourus par les hospices et hôpitaux. 579,302
Bureaux de bienfaisance.................. 695,932

(De Gérando.) Total....... 1,275,234

invalide civil des deux sexes. Si nous divisons ces 200 francs par les trois cent soixante-cinq jours de l'année,

$$\frac{200}{365} = 0{,}54\ 794$$

nous aurons 54 centimes et une fraction, ou près de 55 centimes par jour (1).

Nous avons dit que nous aurions trois millions d'invalides civils des deux sexes ; sur ce nombre il faut admettre qu'un tiers, soit un million, ne demandera pas mieux que de rester dans sa famille ou de se retirer à la campagne en lui allouant la pension de 200 francs qui revient à chacun d'eux.

Nous allons actuellement passer à la construction des véritables monuments de la civilisation, ou, en d'autres termes, des hôtels des invalides civils.

Il restera, d'après ce qui vient d'être dit, deux millions d'individus à loger, individus qu'il faudra diviser en trois catégories : l'une comprenant les hommes et les femmes mariés atteignant ensemble ou à peu près l'âge de retraite, l'autre pour les hommes veufs ou célibataires, et la troisième pour les femmes veuves ou célibataires, ce sera donc trois hôtels distincts quant à la population.

(1) Le prix moyen payé par le gouvernement aux entrepreneurs dans nos maisons centrales, pour la nourriture, l'habillement, le chauffage, le blanchissage, l'éclairage, est de 0,57 centimes par personne (sur lesquels les entrepreneurs prélèvent leurs honoraires).

Voici ce qu'il en coûte, par jour et par personne, dans les hospices : à Avignon, 0,33 centimes ; — à Limoges, 0,35 ; — à Strasbourg, 0,36 : — à Arras, à Compiègne, à Brest, 0,40.

(*De la bienfaisance publique*, par M. de Gérando.)

Nous avons en France des établissements et des hospices qui contiennent de deux à trois mille personnes; en construisant les nôtres pour deux mille, l'agglomération ne sera pas trop grande. Pour en loger deux millions à deux mille par hôtel, il nous faudra mille hôtels.

Notre pays possède trois ou quatre cents villes dans la circonscription desquelles nous pourrons établir trois de ces monuments. Ils devront être érigés dans la campagne et distants de deux ou trois kilomètres des villes, et chacun sur un terrain de un kilomètre ou mille mètres de superficie et au carré. Le bâtiment principal sera construit sur quatre faces; il sera double avec intervalle ou galerie éclairée par un vitrage en forme de toit.

Le milieu de l'espace laissé vide dans l'intérieur par la forme du bâtiment, sera occupé par des allées d'arbres pour la promenade; ces allées seront circonscrites par de très-larges trottoirs servant de cour pour la circulation des voitures qui amèneront les approvisionnements.

A droite et à gauche et contigus au principal corps de bâtiment et formant l'un des côtés du terrain, seront construits le corps de logis du directeur et des employés, ainsi que les bureaux de l'administration, de la cuisine et de la boulangerie dont les foyers peuvent servir l'hiver au chauffage du bâtiment. Le reste du terrain qui sera entouré de murs pour recevoir des espaliers, sera disposé en jardin de rapport, cultivé et entretenu par les pensionnaires dont beaucoup à soixante ans seront encore assez valides pour ces travaux et parmi lesquels seront choisis les surveillants et les chefs d'escouades; car il faut bien le dire, les hôtels des invalides civils seront également ouverts à l'*inintelligence*, à l'*imprévoyance* et au *malheur;* voilà pourquoi je fais un appel à tous les citoyens pour la cotisation.

Revenons à la construction du bâtiment principal dont je n'ai pas achevé la description. J'ai déjà dit que ce bâtiment serait construit sur quatre faces et serait double avec un intervalle ou galerie éclairée par un vitrage en forme de toit, cette galerie pourra servir de promenade pendant les froids. A l'intérieur du corps du bâtiment et faisant face à la cour, régnera une galerie couverte et à jour sur la cour servant aussi à la promenade pendant le mauvais temps.

Ce grand et double corps de logis devra avoir trois cent soixante-quinze mètres sur toutes faces extérieures, construit sur caves, pour les provisions de toute nature. Le rez-de-chaussée sera occupé par la chapelle, les réfectoires, la paneterie, lingeries et coutures, infirmeries, salles de réunion, magasins et chambres pour les convalescents.

Le premier étage sera consacré spécialement au logement; il sera distribué en chambres ayant chacune quatre mètres de long sur trois mètres de large et garnies de deux lits avec bâtis en fer, tables et chaises (1).

Chaque chambre serait éclairée par une croisée ayant vue à l'extérieur; la porte donnant sur la galerie vitrée, les communications auraient lieu également par cette galerie, au moyen de petits trottoirs suspendus à

(1) Je préfère cette distribution aux grands dortoirs, où il est très-difficile d'entretenir une grande propreté et dans lesquels l'hygiène est toujours plus ou moins compromise, tandis que de cette manière la propreté peut être entretenue par chaque invalide à tour de rôle, et plus facilement inspectée par les surveillants.

hauteur du plancher avec ponts de distance en distance pour communiquer facilement d'un bâtiment à l'autre et le tout garni de balustrades.

Ce premier étage sera surmonté d'un grenier avec *encuvelure* (1) élevée pour manier et étendre le linge.

Toutes ces constructions devront être d'une grande simplicité et très-solides, mais avant de construire il faudra d'abord établir la cotisation. En admettant cette dernière hypothèse, on se rappelle que j'ai dit en commençant que tous ces travaux pourraient être achevés en trois ou quatre ans. Supposons en effet que nous laissions accumuler la cotisation pendant trois ans, abstraction faite pour le moment des intérêts, et rappelons aussi que le chiffre de la cotisation annuelle est de 600 millions, comme nous avons mille hôtels à construire, nous aurons donc

$$\frac{600,000,000 \times 3}{1000} = 1,800,000.$$

Ce sera 1 million 800,000 francs à affecter au terrain, à l'hôtel et à l'ameublement de chaque établissement.

Voilà une première partie du problème résolue en attendant que l'œuvre soit exécutée.

Nous passerons tout à l'heure à la seconde et dernière partie qui n'est pas moins importante.

Comme vous le voyez, mes chers amis, dans quatre ans, vos vieux parents et amis, ces bons vieillards pourraient jouir des bienfaits de cette organisation et vous n'auriez plus, pour vous, à craindre l'avenir que vous redoutez tant.

(1) Terme technique qui exprime l'élévation des murs qui supportent la charpente du toit.

Une question qui trouve sa place ici tout naturellement, est celle des ouvriers étrangers, c'est-à-dire de ceux qui ne sont pas nés en France; en conservant le droit d'y exercer leur état, si ces ouvriers n'avaient pas su prévoir l'avenir en se créant un revenu suffisant à l'âge où ils ne pourront plus travailler, ils devront à cette époque rentrer dans leur patrie. Car si la France établissait les invalides civils, il faudrait éviter un encombrement qui pourrait nous créer des difficultés.

Ces mêmes ouvriers qui auront leur domicile en France, devront prouver qu'ils y résident depuis dix ans consécutifs et pourront alors se faire naturaliser pour pouvoir être reçus aux invalides civils, en payant à cette époque la différence de la cotisation depuis l'âge de vingt ans, s'ils veulent participer aux bienfaits de l'institution.

Il est bien d'autres questions secondaires, de détails et de comptabilité qui pourront être soumises à la discussion en temps opportun, mais que j'abandonne, quant à présent, car il nous reste encore à examiner un travail d'organisation qui devra marcher de front avec le précédent. Je veux parler de l'institution des bureaux de bienfaisance, travail que je me bornerai à indiquer pour mémoire.

Il est évident qu'avec l'institution des invalides civils nous pourrons supprimer les hospices des vieux hommes et des vieilles femmes qui trouveront leurs places aux invalides civils; la plupart de ces hospices ont des revenus qui s'augmenteront par la vente des bâtiments et de leurs ameublements, expropriés pour cause d'utilité publique. Les dons, legs, rentes que la bienfaisance, toujours prête à soulager l'infortune et l'indigence, verse chaque année aux hôpitaux, hospices et bureaux de bienfaisance, forment une somme qu'on peut évaluer officiellement à plus de 3 millions (1). On évalue aussi officiellement à la même somme les versements faits entre les mains du clergé catholique (2), non compris ce qui se fait officieusement en petites sommes pour lesquelles l'autorisation du gouvernement n'est pas nécessaire.

Il faut aussi compter ce qu'on appelle le droit des pauvres provenant des rétributions prélevées sur les salles de spectacles, les saltimbanques, les bals, les plaisirs publics et particuliers, etc., etc. Enfin nous ne comprenons pas tout ce qui est si généreusement mis, soit dans les troncs ou entre les mains du clergé (3), ainsi que l'abandon d'une fraction de centime que pourrait faire par jour et par chacun des citoyens qui composent les administrations publiques et particulières, les voyageurs sur les chemins de fer et autres, les pensionnés du gouvernement, puisqu'il serait sévèrement défendu de mendier. Et qui mendierait quand personne ne donnera plus?

Ce sont toutes ces ressources et tant d'autres que je désire voir organiser et concentrer pour que la distribution en soit faite exclusivement et directement par les soins des honorables administrateurs des bureaux de bienfaisance, le tout avec plus de régularité et de

(1) En 1839, dons et legs aux hôpitaux et hospices... 1,026,835
Aux bureaux de bienfaisance.................... 2,004,954
(De Gérando.)

(2) Dans une seule année, sous la restauration, le clergé catholique a été autorisé à accepter en dons et legs, la somme de 12 millions. (*Journal des connaissances utiles*, 1839).

(3) On a dû remarquer que je n'ai rien demandé au clergé qui distribue la plus grande partie de ses honoraires à l'indigence; j'abandonne ces ressources à leur entière disposition, en leur laissant remplir leur plus bel attribut, celui d'exciter la bienfaisance publique.

connaissance de cause que cela n'a été pratiqué jusqu'alors, au moyen de renseignements et d'enquêtes sur la conduite et la moralité des personnes qui ont besoin de secours et sur lesquelles les administrateurs sont si souvent trompés.

Il est évident que l'extinction de la mendicité étant décrétée, nous aurons encore des souffrances à soulager, mais beaucoup moins; la vie est semée de tant d'événements et d'accidents imprévus que toute notre sollicitude et notre prescience ne peuvent prévoir et qui surgissent contre notre volonté! Les ressources que nous venons d'énumérer, bien administrées et distribuées, doivent parer aux éventualités sous ce rapport.

Pour moi, ce système entier, complet, est l'expression du républicanisme pur; c'est le plus bel apanage d'un gouvernement véritablement républicain.

En conséquence de tout ce qui précède, et comme conclusions, je demande et je supplie l'Assemblée nationale de vouloir bien prendre mon projet en considération, en nommant une commission pour recueillir les dernières statistiques générales de la France et les documents nécessaires pour établir des chiffres positifs sur cette haute question sociale, laquelle, comme il est facile de s'en convaincre, vient résoudre en même temps le grand problème de l'extinction du paupérisme et de la mendicité; et qu'après le rapport de la commission dont je viens de parler, une loi soit décrétée pour l'érection des monuments des invalides civils.

Il est incontestable qu'une pareille loi amènerait inévitablement, dans les classes laborieuses, des idées d'ordre, de moralité et d'économie, qui donneraient à la France une force et une puissance supérieure, qui ferait que tous les membres de la grande famille auraient le plus grand intérêt, sous le rapport politique et personnel, à défendre et à soutenir l'État et le gouvernement qui aurait institué une semblable organisation.

Que les citoyens représentants se pénètrent bien que cette cotisation fraternelle, telle que je l'ai combinée, serait un lien solide et durable, et qu'elle établirait aux yeux mêmes des travailleurs, une véritable solidarité entre leur paisible avenir et la stabilité de notre Constitution politique.

La cotisation serait inaliénable, et, dans aucun cas, ne pourrait être restituée. Je puis assurer, du reste, que le grand nombre de citoyens à qui j'ai soumis ce projet, sont prêts à y souscrire.

La majorité est aussi une loi devant laquelle la minorité doit s'incliner et se soumettre.

Je me résume de nouveau.

Ce n'est point l'organisation du travail, comme on l'avait demandé, qu'il faut faire décréter, mais bien l'organisation de l'industrie, en faisant garantir par une loi la propriété industrielle, commerciale, scientifique, artistique et littéraire, ainsi qu'on l'a fait pour la propriété foncière, et cela, en suivant les théories rationnelles d'un auteur trop peu connu ; car il y avait, sur toutes ces choses, un volume à écrire ; eh bien ! ce volume a été écrit par le plus clairvoyant des économistes anciens et modernes ; de plus, ce livre est imprimé, vous l'avez sous la main, c'est le *Monautopole* (1), dont les doctrines doivent un jour faire le tour du monde. C'est par l'application des utiles enseignements et des moyens indiqués par l'auteur, que l'on exclurait à jamais la concurrence anarchique basée

(1) Nouvelle économie sociale ou Monautopole, par M. Jobard. Paris, chez Mathias, quai Malaquais, 15.

sur la liberté du laissez-tout-faire à tous, plaie ignoble et destructive de toute bonne production. C'est ainsi que vous provoquerez et encouragerez l'association des capitaux, avec lesquels vous remuerez et fouillerez la terre, que vous fonderez des colonies agricoles productives, que vous ramènerez l'industrie dans la voie d'où elle n'aurait jamais dû dévier, et qu'enfin vous arriverez à donner de l'ouvrage à tous les travailleurs.

Organisez donc l'industrie, d'où découlera naturellement l'organisation rationnelle du travail, mais du travail consciencieux et probe, qui amènera la moralité et la justice dans nos transactions commerciales, qui, gagnant de proche en proche, moralisera et rendra justes tous les citoyens ; tandis que ce que l'on voulait faire aurait, non-seulement détruit notre industrie, mais aurait aussi désorganisé la société tout entière.

Charles Fourier lui-même demandait cette organisation; en signalant les maux qui nous minent lentement, il en indiquait en même temps les causes. Sa pensée, à travers un voile, apercevait le remède sans pouvoir suffisamment le définir et sans trouver son véritable nom(1); car il voulait le *monopole composé;* c'est le MONAUTOPOLE qu'il entrevoyait et qu'il n'a pas saisi.

Laissons parler Fourier, et que les socialistes, les fouriéristes ou phalanstériens réfléchissent et jugent :

« C'est donc sur l'industrie *seule* que les réforma-
« teurs auraient dû porter leurs vues; et, pour se diri-
« ger dans cette carrière, il aurait fallu faire usage de
« l'une des deux boussoles.

« Ou du *monopole à double contre-poids*, qui existe
« déjà en germe, et qui, par son extension, aurait
« conduit à la période des garanties sociales.

(1) M. Jobard l'a trouvé.

« Ou des *séries passionnées*, dont l'invention PLUS « DIFFICILE aurait conduit à l'association, destin ultérieur de l'humanité.

« L'invention du monopole composé était mieux « adaptée à l'esprit de notre siècle, qui se bat les flancs « pour lutter contre un monopole simple. Cette tyran« nie industrielle serait tombée, comme toutes les « autres, devant le monopole composé. Cette inven« tion eût illustré la science dite économique ou « économisme, qui préfère lâcher pied, et prétend que « sa tâche se borne à l'analyse de l'ordre existant : « que n'a-t-elle tenu au moins cet engagement, en « donnant l'analyse du commerce qui nous aurait ré« vélé d'étranges turpitudes ! On en aurait conclu à la « réforme de ce cloaque de vices, de ce mécanisme « inepte qui, par le concours des caractères malfai« sants, tels que, consommation inverse, circulation « inverse, concurrence inverse, etc., fait de l'industrie « un trébuchet pour les peuples, et augmente à la fois « leur misère et leur dépravation.

Et ailleurs :

« Si les obscurants avaient su inventer cette opération, « appliquer au commerce le système monétaire (1), « le *monopole composé* ou régie fiscale à double contre« poids, ils auraient enlevé aux libéraux la faveur de « l'opinion, et auraient pu leur dire : C'est nous qui « conduisons l'état social au perfectionnement : vous « ne saviez que le faire rétrograder en vous prostér« nant aux pieds du veau d'or, en prostituant votre

(1) La monnaie est un objet, une marchandise, indiquant elle-même sa valeur, portant la marque du fabricant, et dont le contrefacteur encourt une peine très-sévère : c'est ce que nous demandons pour tout ce qui se fait en industrie, en décrétant que *chacun sera propriétaire et responsable de ses œuvres.*

« faconde à encenser un régime d'anarchie et de four-
« berie mercantile, au lieu de vous évertuer à cher-
« cher *le mode commercial véridique*.

« Terminons, en remarquant, que les sophistes qui « prétendent fonder l'association, ou qui écrivent sur « ce sujet, n'ont aucune connaissance des deux bous- « soles, pas même de la deuxième, dite monopole à « double contre-poids, qui est au milieu de nous, « comme un diamant (1) inaperçu et foulé aux pieds. »

Mais l'imagination de Fourier, ardente, active et généreuse, parcourait le chemin ardu de l'avenir, qui est à la fois le chemin si épineux et si attrayant des idées neuves. Fourier s'est égaré sur cette route sinueuse en proposant un système d'association qui ne peut se pratiquer d'une manière générale, universelle ; car il laisserait en dehors une foule d'individus, qu'il est nécessaire d'intercaler, en quelque sorte, entre les rangs de la grande famille, pour les moraliser, comme les recrues et les peureux que l'on place entre les soldats aguerris, et qui finissent par marcher comme les autres.

Final.

Que faut-il à tous les hommes?

Trois choses :

De l'instruction, du travail, un avenir.

Quand on voudra, ce grand problème sera résolu.

Quelques personnes pourront crier à l'utopie, soit; ce n'en sera pas moins le plus beau rêve de ma vie; puisse-t-il se réaliser un jour ! Que chacun médite et que le lecteur, qui ne sera pas d'accord avec moi après une première lecture, veuille bien recommencer, ou qu'il fasse ce que j'ai fait, qu'il prenne une plume

(1) Ce diamant, c'est le monautopole.

et qu'il cherche un meilleur moyen de nous sortir d'embarras, le tout avec des chiffres; à moins toutefois que le lecteur n'écrive aussi bien que l'honnête auteur du Monautopole, dont chaque mot, chaque ligne et chaque paragraphe est un chiffre.

Mon dernier mot aux travailleurs.

MES CHERS AMIS,

C'est uniquement pour vous et pour mon pays que j'ai essayé d'écrire. Je n'ai fait en cela qu'user d'un droit proclamé par la République, celui de la liberté pleine et entière de la pensée et je pense n'avoir point dérogé aux lois, en développant des idées qui peuvent éclairer mon pays et peut-être le sauver de l'anarchie.

Voilà près de trente ans que je vis au milieu de vous, ou de vos camarades; la plupart connaissent mon caractère et mon système d'observation, c'est vous dire que je suis initié à la vie du travailleur, et que je sais ce qu'il peut faire avec l'ordre et la conduite, pour notre grande et sublime cotisation.

Sacrifiez-moi donc, de temps en temps, une soirée pour lire, pour commenter mon petit livre et en propager les idées parmi vos camarades qui ne savent pas lire ; j'espère que la satisfaction que vous en éprouverez ne sera pas moins grande que celle que j'ai ressentie bien des fois en le *travaillant*.

Vive la République!

RÉSUMÉ DES THÉORIES DE L'AUTEUR DU MONAUTOPOLE.

1° Ne pas toucher à ce qui existe aujourd'hui ;

2° Organiser seulement ce qui existera demain ;

3° Poser en principe que chacun sera propriétaire de ses œuvres intellectuelles, comme nos pères ont admis que chacun est propriétaire de son enclos.

4° Décréter que chacun sera responsable de ses œuvres, comme nos pères ont admis que chacun est responsable de ses actions ;

5° Reconnaître et faire respecter par la loi :

La propriété scientifique ; la propriété industrielle ; la propriété artistique ; la propriété littéraire ; la propriété commerciale ;

6° Assimiler ces cinq espèces de propriétés à la propriété foncière et mobilière ;

7° Leur donner les mêmes droits et les soumettre aux mêmes charges, c'est-à-dire à l'impôt annuel et aux droits de mutation et de transmission d'après les bases suivantes :

A. Les découvertes exceptionnelles purement scientifiques et imbrevetables seront admises à faire valoir leurs droits à une récompense nationale.

B. Les découvertes brevetables payeront un impôt *progressif* suivant l'échelle 10, 20, 30, 40 fr. etc., d'année en année.

C. Les œuvres artistiques et littéraires payeront un impôt fixe, équivalant chaque année au prix d'un exemplaire.

D. Chaque dépôt de modèles, tissus, dessins de fabrique et ouvrages de goût ou de mode, payeront un impôt décroissant d'après l'échelle 5, 2, 1 fr. chaque année.

E. Les marques de fabrique, timbres, poinçons, griffes, étiquettes, lettres, plombs, bandes, chiffres, estampilles et emblèmes quelconques, payeront 5 fr. par an.

La cessation de payement sera considérée comme un abandon des dites propriétés.

8° Les étrangers seront admis aux mêmes droits que les nationaux.

Ce nouvel ordre de choses établi, l'ancien s'évanouira successivement et sans choc. Tous les inconvénients de la concurrence déréglée ou de l'antagonisme disparaîtront avec la fraude et l'adultération des produits.

Tout le monde s'appliquera à la recherche de nouvelles machines, de nouveaux *outils*, de nouveaux procédés, de nouveaux produits ou au perfectionnement des anciens ; et bientôt tout ce que nous possédons, tout ce que nous admirons, sera remplacé par des choses meilleures, ou plus commodes, ou plus agréables, que le monde entier nous demandera sans cesse.

Au lieu de se ruer en foule, comme aujourd'hui, sur les fabrications du domaine public et de se faire une guerre impie pour arriver au monopole, en ruinant ses concurrents, chacun aura sa spécialité : au lieu de tout faire plus ou moins mal, chacun ne fera que ce qu'il aura inventé, perfectionné, importé ou acquis ; et il le fera bien, parce qu'il sera tenu de signer ses œuvres.

Les ouvriers intelligents s'affranchiront par les procédés, les tours de mains, les méthodes et perfectionnements nouveaux qu'ils introduiront dans leurs métiers.

Les écrivains, les artistes, les savants, s'affranchiront ou s'enrichiront, ce qui est la même chose, avec et selon leurs œuvres, que le public, seul rémunérateur impartial, achètera selon leur valeur.

Les simples manouvriers, délivrés de la concurrence des bras intelligents, trouveront une rémunération suffisante de leurs peines dans l'exploitation de toutes ces industries nouvelles, auxquelles les capitaux ne feront plus défaut, dès que la propriété en sera garantie par la loi, à l'égal de la propriété foncière.

La classe marchande, obligée d'estampiller ses marchandises, agrandira sa clientèle par sa loyauté, sa discrétion et son activité.

La féodalité industrielle, fomentée par les *assembleurs de capitaux*, n'ira pas plus loin. Le génie, le talent, la moralité et la probité vaudront des capitaux.

Toutes les classes trouveront satisfaction et justice dans une semblable organisation qui laisse la plus grande liberté au développement de toutes les aptitudes, et qui aura pour résultat une aussi grande variété dans les salaires que dans les vocations, les talents, les efforts et la volonté de chacun; en excitant au plus haut point les facultés de création, de combinaison et d'observation, par le double aiguillon de l'intérêt de la gloire.

C'est ainsi que l'organisation du *travail*, seule source légitime de la considération des honneurs et de la richesse atteindra son maximum de développement plus équitablement que par l'égalité des salaires.

SANS GARANTIE, PAS DE CAPITAUX!
SANS CAPITAUX, PAS D'INDUSTRIE EN GRAND!
SANS INDUSTRIE EN GRAND, PAS D'INDUSTRIE A BON MARCHÉ!
PAS DE COMMERCE D'EXPORTATION!
PAS DE PROGRÈS!

Ces principes ont obtenu l'adhésion de MM. Lamennais, — Victor Hugo, — de Lamartine, — Gauthier de Claubry, — Darcet, — baron Séguier, — Louis-Napoléon Bonaparte, — Ch. Laboulaye, — l'abbé Lacordaire, — A. Chevalier, — Blanqui, de l'Institut, — Victor Cousin, etc., etc.

FIN.

www.ingramcontent.com/pod-product-compliance
Ingram Content Group UK Ltd.
Pitfield, Milton Keynes, MK11 3LW, UK
UKHW020356180726
13839UKWH00003B/1146

9 782329 161945